忘れるが勝ち！

前向きに生きるためのヒント

外山滋比古
Sigehiko Toyama

春陽堂書店

デザイン　山口桃志

目次

第一章◉忘却のすすめ

第二章◉思い出はつくられる

第三章◉忘れるための実践法

第四章◉つよい記憶、よわい記憶

第五章◉忘れてこそ豊かな人生

第一章◉忘却のすすめ

むかし、むかし、あるところ

かつて、田舎の小学校で、こどもが先生に聞いた。

「モモタロウのはなしを聞いて、はじめの、〝むかし、むかし、あるところ〟というのが、わからない」

〝むかし、むかし〟というのは、どういうことか。〝むかし〟というのと、〝むかし、むかし〟は違うのか。〝むかし〟って、なんのこと。

もちろん、先生は、そんなことは考えたこともない。ゴマかすのも骨が折れる。〝あるところ〟というのは、もっとわからない。〝あるところ〟などというところはないし、知る人もないから〝あるところ〟になるのだろう。良心的な教師だと、ちょっぴり〝哲学的〟になることができる。

ちょっとくらい考えても、昔の人の思考には及びもつかない。昔の人は本を読むことはすくなかったが、みんなで話し合って、知恵を学んでいた。活字文化が広まって、その知恵をバカにしながら、学校では手をふれない。大学を出て威張っていても、〝むかし、むかし、あるところ〟が、どういうことか、わかっている人は案外、ごくすくないのである。

学校を出て都会で就職する。

五年や十年では、郷里のことなど考えることがない。分別のある中年になると、田舎がなつかしくなる。みんなそうぞうしく、渋滞をものともせず、郷里へ帰る。名ばかりの墓参はしても、これといってすることはなく、退屈して、また渋滞にもまれて帰ってくる。不思議と気持ちがいい。ふるさとは、いい、と思うのである。

それは、遠くへ出て行った人のことである。ずっと土地で暮らしている人には、盆も暮れもない。住んでいるところについて考えるなどということはさらにない。

どうして、都会へ出て行ったのが楽しそうに戻ってくるのか、さっぱりわからない。地つきの人には、ふるさとがない。なつかしいと思ったりできるわけがない。ふるさとへ帰った人たちも、すべてがなつかしさに酔うわけではない。案に相違しておもしろくないことがある。こんなことなら来るんじゃなかったと、思う正直ものもいる。

気難しい詩人など、そういう人たちの筆頭であるかもしれない。ふるさとの幻想をいましめる。

ふるさとは遠きにありて思ふもの

（室生犀星『抒情小曲集』「小景異情」より）

と、幻滅を詠うことができる。

〝遠きにありて〟というのがポイントで、いくらふるさとがなつかしくても訪れるのはまずい。遠く、いまいるところから、はるかに心を寄せるのがふるさと、だというのである。

多くの人間は、そういう詩心にめぐまれないから、苦労して郷里へ行き、うっすら幻滅を味わうということになる。

ふるさとということばもおもしろい。

ふるさとでないといけない。〝さと〟というのは、すこしもなつかしくない。三十年くらいすると、たいていのところが、ふるさととなり、なつかしく、帰ってみたくなるのである。半ば本能のようなもので、意識するのはふつうではないが、心をうごかすことば、〝むかし、むかし〟といった文句を生んだ。

〝むかし、むかし〟とはいつごろのことか、などと野暮なことを言ってては困る。人によって、「なつかしいむかし」は違ってくる。三十年の人もあれば、二十五年の人もある。年をとってからやっとなつかしいという気持ちを解する例もすくなくない。

メルヘンの〝時〟にあたるのが、〝むかし〟であるが、どこか場所がはっきりしない。日本だけではなくヨーロッパでも、メルヘンの場所ははっきりしない。日本のことばは、正直に〝あるところ〟とぼかした。理屈っぽい、ヨーロッパのおとぎばなしは、この点あいまいで、英語のおとぎばなしは、

Once upon a time,there lived………（かつてあるところに、生きてきた……）

などと、いささか、しまりに欠けている。〝あるところ〟というのは、遠いところを指示するのに、なかなか、うまいことばである。ただ〝遠い〟という意味がはっきりしないのが玉にキズである。メルヘンは、遠いところで生まれるのである。

むかし、むかし、あるところに……

という枕詞《まくらことば》は、時間の方が空間、場所よりも重視されていることを露呈している。〝Once upon a time,there lived……〟というのは、もっとはっきり時間中心の思考をあらわしている。歴史の方が、地理よりも重視されていることになる。ことばが、時の流れの中で生まれ、国境の外のことは、ほんのすこしも考えなかったことを、〝むかし、むかし、あるところに……〟のきまり文句であらわしている。

古いものがいい、という原則がみとめられているらしく、ふるさとをはじめ、古典、旧跡など、古いものの価値を反芻する文化が発達している。

これを裏返してみると、時の老化作用とすることができる。時はすべてのものを美化する。醜いところは、そっと消す、性善の原理を代理する。

人物の評価にもこの時の作用がつよくはたらいているようで、在世中はいろいろ悪く言われた政治家が、亡くなって、三十〜四十年たつと一転して偉人であったというような評価の変化がおこる。時の作用である。

歴史はそれを伝えているわけで、ものごとがそのままが歴史になっているわけではない。時によって磨かれた過去が史実のようになるのは是非もないが、歴史が忘却の上につくられた世界であることは、忘れない方がよいように思われる。

〝むかし、むかし〟の力にくらべて、〝あるところ〟の力は微量である。新しい地政文化を待望することができるはずである。

〝忘れたころ……〟によみがえる

東海地方にある、ある県立高校がサッカーの伝統を誇っている。

野球のつよい県にありながら、サッカーが校技として知られた存在である。

もともと、サッカーをやっていたわけではない。旧制の中学校だった時に、蹴《しゅう》球《きゅう》、つまりサッカーをはじめたのである。もともと、ほかの学校と同じように野球をしていたのだが、ある時不幸な事件がおきてしまった。

学校は、その反省をあらわすため校則で野球を禁じた。その代わりではないが、サッカーを全校ですることにした。

まだ、サッカーをする中学校がすくない時代である。やがて目立つ存在になった。そんなことを知らない若い先生が、うっかり、生徒とキャッチボールをしたというので譴責《けんせき》を受けたというのが語り伝えられて生徒をおびやかした。

野球がアメリカのスポーツであるのに対して、サッカーはイギリスのスポーツである。イギリスの代表的パブリックスクールはイートン校(Eton College)である。すこしばかり西洋のことを知っているのが、この県立中学校を〝東海のイートン・スクール〟と呼んで、わけもわからない教職員がそれにとびつき、日本の中学校であるのに、〝東海のイートン・スクール〟と口にするようになった。

気のきかないクソまじめな生徒が、英語の先生にイートン校についてたずねた。もちろん、先生、ご存じない。「いい学校だぞ!」とごまかす。

そのころ、イートン校のことを知っている日本人はほとんどいなかったのだから、是非もない。

〝東海のイートン・スクール〟という呼び名にしても誤解していた。イギリス第一のパブリック・スクールで、ジェントルマンを育てる貴族的学校である。そんじょそこらの学校とはわけが違う。何のとりえもない中学校が、イートンの名を借りるのはおかしいのであるが、知らぬが仏。この中学は恥を知らずイートン校になったつもりだった。

そればかりではない。〝東海〟を間違って考えていた。東海地方にあるから、東海と言ったのであるが、この東海は、中国の呼び方の東海であって、日本ということであった。これも、気づいていた人はなかったらしい。

つまり、誤解のかたまりのような〝東海のイートン・スクール〟を名乗っていたわけではないにしても、ひそかに誇りにしていたというのはおもしろい。名もない中学が、世界的名門のような気になったのは、サッカーをしていたからである。

ついには東海のイートン・スクールが、本家、イギリスのイートン校とサッカーで交流を始めたのである。

ウソから出たマコトではないか。誤解から生まれたとはいえ、すくなくとも東海のイートン・スクールはそれを誇りにしている。

その間に、はっきりした伝統ができた。本当のことはもちろん消えて、この時の思いを吸収して、伝統はふくらみ、よくなる。もちろん、もとのままではないから伝統である。

前の時代の人たちが忘れたところを、あとからの人が新しいもので補強する。そこから、なつかしさが生まれる。

伝統は、五年や十年ではできない。

ほとんど忘れられようとしている時、新しい力をもって生まれる。もともとのものがよみがえったのではない。はっきりしないまま眠っていたものが目をさますのかもしれない。

「天災は忘れたころにやってくる」という寺田寅彦（一八七八〜一九三五年）の名言があるが、伝統は忘れたころに生まれる。

いったんできた伝統は、めったなことでは消えない。その間誇張をくりかえして伝統は伝統らしくなる。

歴史は大きな伝統で多元的であるから、はっきりしたことはわからないが、はじめから歴史であるという歴史はないと思われる。小さな伝説、小さな伝統、小さな組織が生まれるが、そのまま歴史になることはない。ほとんどが消える。忘れられる。

そして、〝忘れたころ〟に姿をあらわすのが歴史である。伝説であり、伝統である。それをはっきりした形にするのは創成に似ている。もともとのものの再現であることはまずない。忘却の中で、変化、変貌している。社会的フィクションである。

もとのものを忠実に伝えているように考えるのは、願望である。歴史はその願望によってつくられる。

はじめから歴史をもつものはない。国も組織も、はじめのことは、わからない。わからなくなったころ、忘れたころに歴史化がおこる。忘れたころがどれくらいになるか、知ることはできない。

生まれたばかりの子は、歴史をもたない。

忘れたころ、もの心がついて、自分ひとりの歴史が始まる。

それからも、たえず忘却に見舞われるから、不明なところがいろいろあって、ひとつの歴史はできる。消えたものが、忘れたころによみがえるのは、幸運な少数である。大部分の歴史は消滅して跡をとどめない。

なつかしさは忘却によってはぐくまれる

なつかしい人というのがある。すぐそばにはいない。はなれていて、めったに会うことができないような人がなつかしくなる。ふだんは忘れている、というような人がなつかしい。ときどき会ったりする人はなつかしくなったりしない。会いたいと思っても会えないような人がなつかしくなる。

ある老夫婦は、ケンカばかりしていた。仲が悪いと思われていたのである。その妻がかりそめの病で急死してしまった。

彼女がたいへんいい人であったということが閃《ひらめ》きのようにわかった。夫の中で彼女が変わったのである。彼女は急に遠いところへ行ってしまった。

それで、いままで見えなかったところが突如あらわれ、見えてきたのである。遠くへ行ってしまったから、見えてくるものは、輝いている。夫は素直に受け入れて、ことばにあらわせない気持ちになった。不器用な夫はそれを〝えらい奴〟としか言えなかったのだが、やさしい気持ちだったのである。

近いものは、うとましく、うるさいと感じるが、消えてしまうと、急に心ひかれなつかしくなるのである。人間は、そういうふうに生まれているのか。

有名人だと、もっとはっきりした変化がおこる。生きているうちは、批判をうけることが多く、不評であったような人が、亡くなって、三十年くらいすると、急に、りっぱな人であったという新しい、生前とは逆の評価があらわれて、見なおされる。そして、それが定評になる。

三十年しても再評価されないようだと、もう、再生ののぞみはなくなり、完全に消えてしまう。

いったん消えたものが、まったく違ったものとしてよみがえるというのは、人間のもっているとくべつな気持ちである。歴史というものも、それを土台にして生まれたものである。昔のものが、そのまま歴史になるのではない。いったん消えたあと、三十年くらいすると、新しい存在として浮上、再生する。悪人が善人になったりする。その間にはたらく忘却のはたらきと思われる。

K家は、ちょっとした中堅企業をおこした。はじめは、ひどい苦労をして、やっと生きているというような状態であったが、やがて成功者と言われるまでになった。

それまでの間、年に一度の創業記念を祝うことができない。ありあわせの小豆でご飯を炊いて家族で祝った。そのころ育ったこどもたちは、この小豆ご飯に閉口した。それで小豆そのものがきらいになった。

ところが、ある時から変化がおこった。小豆が、なつかしいように思われ出したという。小豆に対して、何とも言えない気持ちをいだくようになったという。こどものころのことを忘れたのである。そして、なつかしいという気持ちをいだくようになった。

私は、こどものころから母の兄、伯父のことをいろいろ聞かされて、変な人だと思い込んでいた。もちろん、寄りつかなかった。伯父は何かというと、寄宿舎にいる私を呼び出して、ごちそうしてくれた。ほとんど口をきかないから、どうしてやさしくしてくれるのかはわからなかったが、好きにはなれなかった。その伯父が急死した。しかし、その早すぎる死を悼むものはすくなかったようである。私自身、さほどかなしいと思うことがなかった。

それが突如として変わったのである。亡くなって三十年くらい経っていた。たいへんやさしい、りっぱな人だと思われるようになった。

〝なつかしく〟なったのである。ある年の盆に伯父のお墓まいりをしたくなって、はじめて墓参をした。しみじみした気持ちで手を合わせた。いろいろ、やさしくしてもらったことを思い出して、しばらくはその場をはなれることができなかった。

忘れているうちに、伯父は、やさしい、なつかしい人になっていたのである。

忘れてはいけない
という思い込み

いつごろからか、はっきりしたことはわからないが、こどもの時からずっと忘れてはいけないと思いこまされていた。

小学校へ入って、先生から言われたことを忘れると叱られる。「忘れるな」と言われる。そんなところから、忘れてはいけないと思うようになったのであろう。勉強したことを忘れるのは、もの忘れより、もっといけない。テストで答えがわからないと点をひかれる。百点がいいと思っているから点が悪いと、叱られたように思った。その都度、ひそかに自分を責める。

しかし、忘れるものは忘れるのである。まわりに、いつもいい点をとるものがいると、あれは頭がいいのだと思い、頭のいい子は忘れない、と決めて、そうでない自分を責め劣等感をつのらせる。もの覚えがよくて、忘れないのが、えらいのだと思って大きくなる。

大人になっても、忘れるのを怖れる気持ちは変わらない。大事なことだと、忘れるといけないから、書きつける。確認する。だんだん心配性になって、なんでもメモをとるようになる。

かつて、自治体がしきりに文化講演をした。多くの人が、なれない講演を聞いて喜んだ。それを新聞が報じて、「聴衆は熱心にメモをとっていた」というような記事を書いた。「メモをとる」と言って、ホメたつもりなのである。新聞も、忘れないようにメモをとることをホメていたのである。

新聞の考えが間違っているのだが、それを間違いと考える読者がいないのだから天下泰平である。

人のはなしを聞いて、ただ、聞き流していては、忘れる心配がある。メモをとるのは用心がいい。そう考えるのが常識かもしれないが、間違っている。メモなどとっていれば、肝心なはなしは頭に入らない。メモに気をとられているから、しっかり聞きとどけることができない。メモをとらない方がいい、ではなく、とってはいけないのである。それを知らないから、「熱心にメモをとっていた」などと書くのである。

ある大学の新入生が、どうも、大学の講義がよく頭に残らない。ノートのとり方が悪いからであろうと思って、遠縁の大学教授のところへ教えを受けに行った、という話がある。

講義がよくわかるノートのとり方を教えてほしいと言う学生に、その教授は「なるべくノートをとらずに、はなしをよく聞いていなさい」と、とんでもないことを教えた。

「そんなことでは、みんな忘れてしまうのでは？……」

とたずねる学生に大先生は、

「ノートをとるのに気をとられていると、講義の内容は頭を素通りしてしまう。じっと聞いていれば、大事なところは頭に残る……」

と言った。

教えられた通りにして、この学生は良い成績をとることができたという。

忘れるのがコワイからノートをとり、メモをとるのだが、文字を書いているうちに、大事なはなしが素通りしてしまう。忘れるのではない。はじめから頭に入らないのである。

そんなわかりきったことが、一般にわかっていないのは、忘れるのがコワイからである。忘れてはいけない、忘れたくない——そう思う一念で、われわれは、自分の頭をどれほど悪くしているかしれない。

そういう思い違いをするモトは、忘却恐怖症である。いろいろなことは、忘れる頭のせいだ、と勘違いをして、人間はたいへんな損をした。せっかくの頭を悪くし、考える力を失い、つまらぬことで頭の中を混乱させる。

いつからそんなことになったか、よくわからないが、知識がふえ、本が多くなり、覚えておかなくてはならないことが激増してからのことであろうと思われる。そんな昔のことではない。学校教育が普及し、知的活動が重要になるにつれて、忘却、失念の恐怖は高まってきたように思われる。あまり本など読まなかった昔の人は、安らかに忘れることができた。すくなくとも、忘れることを怖れることはなかった。

やっかいなことを解決しようと知恵をしぼっても、名案の浮かばない時、昔の人は、「忘れるが勝ち」と責任を放棄して、健全な精神をまもることができた忘却を怖れる気持ちがつのると〝忘れる〟ということばそのものを使うのさえ避けようとするのであろうか。

証人喚問で呼び出された証人が、しきりに、「記憶にありません」を連発する。「忘れました」などと言う人はいない。忘れたというのには責任があるけれども、記憶にない、というのは自分の責任ではない、と言っているような気がするが、本当のところは、〝忘れる〟ということばを使いたくないのである。

忘却も、よくよく嫌われたものである。

遠くの富士が美しい

夏休みだからだろう、バスは混んでいた。

バスは富士の北側を走っているらしかったが、見えなかった。あるところを曲がったと思ったら、右手におおいかぶさるような山が見える。

前の席にいる母親らしき人が傍の少年に、

「ソラッ！　富士山よ！」

と叫んだ。しかし、少年は知らん顔。お母さんが、声をいくらかはげまして、

「富士山ですよ」

と言うが、少年、すこしも動じるところがない。はっきり、

「あんなの富士山じゃない。ウソの富士だ!」

と言ってきかない。あたりを気にしたらしいお母さんは、すこし声を荒くして、

「いやな子ね! 本当の富士山なのに」と言った。

彼は、これまでに富士山を見て知っている。この少年がかわいかった。聞いていて、思わず口もとがゆるんだ。知っていると思っている。実景は見たことがなかったが、写真で知っている。

雪をいただいた霊峰は、はるかかなたに輝いている。美しい山。それにくらべて、この山はどうだ。黒い大きなかたまりで白いところもない。富士山なんかであるものか。少年の教養は逆光の直近の富士山を断固、否定したのである(そう言えば、似たことを、われわれもそれと気づかずにしているに違いない。ただ、それを先入主とすることができないのは、この少年と異なるところがない。知識が判断を誤らせることは、毎日のようにおこっているのに、それと気づくことは、きわめて稀である)。

その富士山が世界遺産に認定された。

それに至るまでにちょっとしたことがおこったが、関係者の良識によって、うまく収まった。

はじめ、地元がユネスコに申請した時は合格しなかった。富士山がいけないのではなく、三保の松原を含む一帯を富士として申請した。審査の部門から否定的な見解が示された。それまで富士を拡大するのは不当である、というのであったらしい。

地元の人たちの見識はみごとであった。世界的権威のユネスコに対して反論を提出したらしいのである。富士山がすばらしいのは、山だけではない。あたり一帯をふくめての富士山である。中でも、三保の松原から眺めた富士山がもっとも秀《すぐ》れている。ぜひ、三保の松原を含む富士山を再考してほしいというような請願がなされた。

ふつうの役所なら、そんな請願は一顧《いっこ》だにしないで、却下されるところだ。さすがユネスコである。この請願を受理し、選考をやりなおしたのであろう。三保の松原を含む富士山が、世界遺産と認定されたのである。

常識的には、山は山だけである。かなりはなれたところを含むことは考えられない。しかし、実際に、山が山だけで孤立しているのではない。まわりから超然としているように見えても、背景が大切なはたらきをしている。あまりにも当たり前で、ふつうは忘れられているが、認識が甘いのである。

ちょっとした写生をする時も、たいてい背景をつける。それによって絵が生きる。花を描いても、花だけでは絵にならない。最小限の付属物、景色が必要である。風景にしたって、同じこと。

山なり川なりをそれだけで考えることは困難である。バックグラウンドがなくては、山を山、川を川と認めることができない。

対象を孤立させるのは、近づきすぎるからである。すこしはなれて見ないと、何もはっきりわからない。

至近距離から見て、富士を富士、美しい山と見ることは難しい。はなれるとよけいなものが介入する。じゃまなようだが、実は、引き立てるためにある。美しいのは、はなれて見るからである。山が美しいのも、はなれて見るからで、目の前の山は青く見えない、美しくならない。遠くにかすみ、おぼろに見るのが美しいのである。

遠くより眺むればこそ白妙の富士も富士なり筑波嶺もまた

目の前につきつけられて、美しいものはすくないが、かすみの間に見えるものは、たいてい心にふれるものをもっている。

距離が美を生む、と言ってよい。その距離は美しくないものを消して美しくする。

さらに、その距離から、忘却が含まれていることを、われわれはまだ充分に理解していないのである。

忘れることによってものみな美しくなったのだ。忘却が美化の力をもっているのに、学習に際して不都合だというので、否定され、思わぬ悪者にされてしまったのである。近代の蒙《もう》のひとつである。

忘れるのは文化発達の原理のひとつであることを認めなくてはならない

偶然とケンカしない

撮ったばかりのレントゲン写真をじっと見て、ドクターはむずかしい顔をしている。

やがて目をひらいて、とんでもないことを言われた。

「二十年くらい前に、たいへんな結核をやったでしょう?」

「そんな覚えはありませんが……」

「いや、この影は、たいへんな結核のあとです。いまはもう固まっていて心配はいりませんがね……」

びっくりして、しばらくことばも出なかった。そんなバカなこと、あるものか。きびしい戦中、戦後であったが、なんとか生き抜いてきたのに……と思って、帰ってきた。

さすがに気になる。ひとりになって、昔のことを思い返して「あれだな」と思い当たることにたどりついた。

戦争が終わって、軍隊から帰り、もとの大学へ戻った。下宿も、もとの下宿である。たったひとりの心友、佐道は、前の下宿が空襲で焼かれて行き場がないというから、となりの部屋を片付けてもらって、そこへ住むことにした。毎日のように一緒に食事をした。

佐道の父親は、大商事会社の支店長とかで、そのころ絶対に手に入らなかった缶詰がいくらでもあった。それをふたりで食べた。

半年もしないうちに、佐道が不調を訴えた。東大分院で診てもらうと、おどろくべきことを言われた。

「即刻帰郷しなさい。絶対安静にしないと命があぶない……」

帰ってきた佐道がそんなことを言うからおどろいた。心配して、送りだしたのは二日後である。佐道は、それきり帰ってこなかった。卒業論文を父親に代筆してもらって提出すると亡くなってしまった。

あの時、同じように結核にやられていたのだろう。その時はすこしも疑わなかったが、レントゲンに影がしっかり残っているのだから疑うことはできない。

思い返してみても、自分もやられていると思ったことは、まったくなかった。もちろん、頑健というわけではない。たえず、軽い風邪らしきものにやられる。気休めの売薬を飲んでいると、いつしかおさまる。そんなことをくりかえしていたが、結核にやられているなどと考えたことは、これっぽっちもなかった。佐道が亡くなったあとも、自分も同じ病気にやられているなどと思ったことはない。

その間、喘息がおこるようになった。そのころの病院は、喘息にまるで無力で、ロクな薬もくれないから、発作のたびにふとんをかぶって、数日絶食ということをくりかえしていたのである。

体調がおかしくても、がまん。病院へ行かないことを、佐道は野蛮だと笑ったが、相手にしなかった。

それは二十年前のことである。

その間、レントゲン写真を撮ることもなかったのだから、われながら不思議である。

勤め先の検診を受けなくてはならなくなって、レントゲンを撮ったのである。とても信じられないことだが、レントゲンは正直である。こちらの頭は、忘れたのではない。はじめから受け付けなかったのである。

病気になったのを忘れたのではない。もともと、知らなかったのである。頭が忘れるまえに、体が忘却したのかもしれない。

こういう〝忘れ〟があるというのは、心よわい人間にとって、大きな福音である。私はずっと「忘れるが勝ち」という無責任なことを考えて、みずから、ひそかに恥じていたが、「知らぬが仏」ということもあるというのは、発見である。

人間、すこしにぶい方がいいのではないか。すこしくらいおもしろくないことがあっても、感じないのは、才能である。そのうちに嵐も去っていくかもしれない。いつまでもへばりつく災難もあるが、つとめて忘れる。おもしろいことを見つけて夢中になっていると、嵐というのは、ずっとすくなくなる。

そうかんたんに忘れることはできない。そういう人は頭がよすぎるのである。デリケートすぎるのである。

ボンヤリして、たいていのことをやりすごしていれば、この世は楽園に近づく。何から何まで、自分の責任であるように考えるのはエリートの思い上がりである。人間は、どうにもならないことをのりこえて生きられるようになっているらしい。

うまく行くのも偶然なら、失敗もまた偶然である。

偶然とケンカするのは賢明ではない。
偶然と仲よくするには、忘却と仲よくすることではないか。

第二章◉

思い出はつくられる

忘れることから生まれる情緒

もう大分前のことになるが、ある日曜日の午前中に友人宅を訪ねた。主人が出てきて、

「あいにく家内がギンコウへ行って、留守にしています。お茶も出ませんが、とにかく、どうぞ……」

と言う。今日は休みである。なぜ銀行などへ行くのか、おかしい、と思いながら上がった。

あとで考えてわかった。「ギンコウ」は銀行ではなく、俳句の吟行だったのである。女性の俳句がはやり出したころである。吟行というハイキングみたいなことが流行していた。同好の人がしかるべきところに集まり、散策しながら句

をつくる。あとで会をして推敲《すいこう》するという趣向である。

私は、あまり賛成ではなかった。俳句についての考えが違ったからである。吟行は即席の句をつくるのだが、私は、俳句は、回想された情緒が本来のかたちだと信じていた。

即興の句を認めないわけではないが、わざわざ遠出して、仲間といっしょにつくるものではない。もちろん〝あいさつ〟としての俳句は存在する。

しかし、句をつくる目的で遠出をし、そこでつくった俳句を見せ合うという吟行は、それまであまりなかった。ほとんどなかった、と言ってもよい。

名のある俳人が吟行句ともいうべきものをつくり発表するのはあったが、あとで書斎でつくられた作品である。吟行俳句は新しい流行である。

俳句の詩学は独自の措辞にもとづいていて、和歌、短歌ともはっきり異なっている。それがとらえにくいため、俳句の詩学が生まれにくい。

古池や蛙飛びこむ水の音

松尾芭蕉は三つの世界の上に立っている。〝古池や〟は視覚的であると同時に、聴覚的でもある。あとに空間がつくところが重要である。すぐ続くものがないために、あとに余韻を残す聴覚が残像である。余韻は消えていく。短いけれども時間の経過がある。それをはっきりさせるために、ここで切れている、ということを示す必要がある。〝古池や〟の〝や〟はその切れ字で、残像イメージがはっきりするようになっている。俳句詩学のカナメと言ってよいだろう。

〝古池〟の残像は、切れ字によって守られてつよいイメージをつくると同時に、それをいくらか消す役も果たして妙である。

ついで、まったく趣を異にする、動的な〝蛙〟をつづけるのだが、もちろん、〝古池〟の延長線ではなく、飛躍して別の世界をあらわす。〝古池〟と〝蛙〟は不調理の調和を奏でるが、短詩型文学を支える、これまた重要な原理である。

さらに、〝水の音〟というところで、聴覚世界をとり入れる。もちろん、〝蛙〟の世界とは趣を異にしているが、なお、〝古池〟〝蛙〟の世界を包む効果がある。

古池や蛙飛びこむ水の音

は、三つのことばを直線的に結びつけるのではなく、折れ線で融合している。〝古池〟〝蛙〟〝水の音〟はそれぞれ独立しながら、曲線、折れ線的に結びついているのである。

句と句の間に、心理的空間と断絶のあることが注目されなくてはならない。いわゆる論理を超えるのはもちろんである。

〝古池〟〝蛙〟〝水の音〟が一直線に整列しているのではなく、断絶曲折した三直線であることに気づかなくては、俳句は生まれない。すくなくとも詩としての俳句は成立しない。

残像がカナメである。

残像はイメージが消滅する時の跡であると言ってよい。忘佚《ぼういつ》のプロセスであると考えることができる。

消えかけた、忘れられていくイメージが情緒を生むことを発見したのは、おどろくべきことで、わが国の伝統文化の誇ってよいところである。

そうした俳句は回想の文学である。消えていくイメージをからませて、不思議なハーモニーを奏でてユニークである。生まれたてのおもしろさはなくても、舌頭《ぜっとう》に千転、遠きにありて思う世界を表出する点において、類を見ない。外国の識者が関心をもつのは不思議ではないが、日本人自身、俳句が忘佚の重要性をいのちとしていることが、わかっていないのは、おかしい、と言ってよいであろう。

思い出が美しい

ある人が、中年になってはじめて、中学生時代をすごした町を訪れた。

そして、かなりびっくりした。こんなではなかった。どうも昔の町のような気がしない。

この人は、中学の五年間を寄宿舎ですごしたから、とくべつな気持ちをもっていたのかもしれない。家庭がおもしろくなくて入った、というより入れられた寄宿舎であった。あまりいい思い出もなかったから、卒業後ずっと、一度も行ってみようと思ったことがなかった。

それが、二、三年前から、気が変わったのか、一度行ってみてもいい、行ってみたい、と思うようになってやってきた町である。

電車の駅から学校まで、およそ、一キロメートルくらいある。県道とは別に、小川沿いの道を通っても行くことができた。

彼は、その小川沿いの道を通って学校へ行くことにして駅を出た。そして、すぐびっくりした。小径がいかにも貧弱で、わびしい。かつては、いきいきとしていた緑も、心なしかしなびているように見える。

小径も、もっと広かった。それがまるで、あぜ道のようである。なんだか、だまされているようでおもしろくなかった。こんなことなら来るのではなかったという気持ちになった。

母校再訪は失敗だった。行かなけりゃよかった。しばらくの間、毎日のように心が重かった。

それから何年かして、思い出がわざわいしているのだと気づいた。

すべてのものが、思い出の中で大きく、美しく、おもしろく育っていたのである。それを本当のふるさとのように思っていた。実際を見せつけられて、幻滅に近いものに襲われたのである。

過去は、思い出の中で年をとり、なつかしく、大きく、美しくなる。実際のところへ行ったりしなければ、それを疑うことがない。

実際を見ておどろく。そして、思い出の方をなつかしむのである。この人は、そう考えていくらか納得したらしい。

こちらは、中国の昔のはなし。

煙客翁という文人が、あるところで、ある人から名画を見せられた。すばらしい作品であった。

しばらくして、がまんできなくなり、所有者にもう一度見せてほしいと願ったが、許されない。いくら言っても聞いてもらえなかった。何年かたって、所有者が変わったこともあって、再見の願いが聞き届けられることになった。

喜んで見せてもらって、煙客翁はショックを受ける。目の前の画は実に平凡、すこしもおもしろくない。こんなはずがあるものか、狐狸にだまされたに違いないと叫んだというのである。

名画はやはり名画だったのである。しかし再見を願っていた人の頭の中で、名画は神品のようになっていたのである。それにくらべて目の前の実物はなんともみすぼらしい。だまされたような気になったのである。時がおこなった美化によって、名画は神品になっていたことをこの主人公は知らなかったというわけである。

明治以後、外国へ行く人たちはエリートであった。すぐれた能力をもっている人たちばかりである。留学生になるのはめぐまれた人たちで、帰ってきて外国はすばらしい、と口をそろえるから、行ったことがない、行くのぞみもない人たちはそれを真に受けるのではなく、それを誇大化して、外国礼賛をする。

かつて、昔、外国へ行くには汽船しかなかった。洋上を何十日もかけてヨーロッパにつく。帰ってくるのも同じである。

帰朝者たちは、洋上、船中において、いま別れてきたばかりの外国を追憶する。追憶は再現ではなく一種の理想化であることを自覚するのは困難である。美化される。理想化されるが、それに気がつくことはほとんど不可能である。

一度も外国へ行ったことのない大多数の人は、帰朝者の話をふくらませて、勝手なイメージをつくり上げる。外国は夢の国のようになっても不思議ではない。多くの日本人のいだいてきた外国のイメージは、こうした、思い込みに根をもっている部分が小さくない。

一度も外国へ行ったことのない日本人は、帰朝者の思い出の、そのまた思い出を信じるほかはない。外国を知ることがとくべつに困難である日本人は思い出の正体をたしかめることを考えないと、一通りのものの考え方もできない。

思い出のワナにはまってはいけない。

思い出のモトをつきとめることは、生身の人間にできることではないのかもしれないが……。

古い記憶は正しいか？

記憶のいい人などが、ごく幼い時のことを覚えていると言う。満一歳の時の誕生日の様子をはっきり覚えている、と言う人を知っている。

はじめのうちは、そういう記憶のよさに感心していたが、ある時から、信じなくなった。自分のもっとも古い記憶をよみがえらせようとして、うまくいかなかったからである。

私はごく幼い時（いつかははっきりしない）、名古屋に両親といっしょに住んでいた。友だちはただひとり、となりのエンヤくん。彼は頭がよくて、大きな数字をペラペラ言ってのけると評判だった。こちらより年上で威張っていた。ある時、エンヤくんが、〝お城を見せてやる〟と言って、こちらをつれ出した。お城とは名古屋城のこと。うちからさほど遠くなくて、天守閣が見えるくらいだった。無事、お城の近くまで行ったが、その記憶はない。その代わり、谷底のようなところに、兵むち隊がいた。ひとりえらいらしいのが答をもって歩きまわり、ときどき兵隊をたたいた。いやな気がしたのか帰ることにした。

ところが帰る道をエンヤくんは知らなかった。まごまごしていて、こわくなった。どれくらい迷っていたかしれないが、向こうで大声がする。心配したエンヤくんの母親と、うちの母親に近所の人も加わってさがしに来たのに救われた。あと、おもしろくないことがいろいろあったに違いないけれど、まったく覚えがない。

何日かして、番地入りの迷子札ができ、外へ出る時にはそれをつけることを命じられた。

その後、たびたびエンヤくんのことは思い出したが、顔はもちろん、名前も、エンヤというのが名字か名前かわからなくなっていた。何歳の時のことか、いくら思い出そうとしても、わからない。はなはだ、あいまいである。どこまで本当かわからない。ひょっとすると、すべてが大人の言ったことで、自分の記憶ではないのではないかと疑うようにすらなった。

お城を見に行ったのは事実であろう。帰りに迷ったのも本当であろう。しかし、それ以外のことは、あとからつけた話であって、記憶ではない——そんな風に思うようになっている。

そして、もとの記憶を消し、新しいはなしをつくり上げる力が、ひとりひとりの心の中にあると考える。

威張る人間への反感と、冒険を求める気持ち、うちがいちばんいい、という気持ちが、忘却をはたらかせて、新しいストーリーをつくり上げたのであろう。

忘却は一様に忘れるのではない。おもしろくない、好ましくないものを忘れる。その埋め合わせができないと、忘却後のストーリーは超現実的になるのは是非もない。

考えてみると、はじめに誌したような最初の思い出は、はじめから、あったのではなく、いったんは、ほとんど忘れてしまっていたのである。まわりの人が、ああだった、こうだったと言うので、いくらか思い出すことが出てくる。しかし、大部分は、あとから、まわりの人たちが言ったことを結びあわせて、新しいストーリーに仕上げる。それを聞いて本人が自分で覚えていたように錯覚するのである。

ほとんどすべての昔のはなしは、このように、忘却、復活、忘却、復活のプロセスを経て、典型、クラシックになるように思われる。

さきに書いた、お城の迷子も、そうして生まれた私のむかしばなし、伝説、古典というわけである。

いわゆる歴史も、はじめから、はっきりした形をとっていたのではなく、目ざましいことがあった時、それを語りつごうとする人たちの間で、だんだん、まとめられたストーリーであると考えてもよい。

はじめから、歴史そのままのことがあったのではない。忘れられて忘れ切れなかったところが、まとまって新しいことになったものであろう。

先立つものは忘佚である。それをくぐりぬけないものは、歴史にならない。

歴史のつくられ方

戦前の旧制中学校では、軍事教育がおこなわれた。〝教練〟という正課で、現役の陸軍少佐が、配属将校として正規教員以上に威張った。

もちろん、ロクに教えることはない。鉄砲をかついで体操のまねをするようなもの。みんな嫌がっていたが、口に出せるわけがない。

訓練といっても、何がなんだかわからないことばかりだったが、おもしろい、と思うこともなかったわけではない。

そのひとつが、逓信《ていしん》の訓練である。一クラスを二分して、その間に、五、六メートルの間隔で二名ずつが配置される。前後の本隊の間に六つか七つくらいの二名組が配置される。一方の本隊からのメッセージが、その伝達員を通して他の本隊へ伝文されるのである。たいてい、ちょっとした間違いがおこる。それをなくすのが訓練である。

「前方五百メートルに敵らしきものあり」

といったことを発信。それが順次、流れて向こうの本隊へつくという寸法であるが、これがうまくいかない。おかしな間違いが入る。ひどいのになると、

「前方五百メートル」

が「前方二百メートル」に化けたりするのである。途中、どこかでおこるのである。

そういうエラーをなくすための訓練だが、百パーセント正確な伝達のおこることがまずないのが、ひそかにおもしろかった。

どうして、間違うのか、考える生徒もいたに違いない。メッセージの伝達が意外に難しいことを教えて、有益であった。

一般の世の中でも、似たようなことが、いくらでもおこっているのではないか、という疑問をもつのは、すこしばかり考える必要があるが、人間はそういうことを考えるのが上手ではない。好きでもないからである。

それに、あることがらがおこると、いずれは後々まで、ほぼ正確に伝わっていく——という根拠もない想像をして、歴史をつくる。

甲と乙とが戦って、乙が勝ったとする。甲をひいきにしている人たちは、それを意識しないで、微妙な改変を加える。次の世代の人も同じ心情をもっていれば、改変はそれと気づかれずに継承されることがないとは言えない。

そうして生まれる歴史が、もとのままを正確に伝えることは難しいはずである。お互い同じような気持ちをもっていれば、それを改変だと自覚することはかなり難しい。そして史実となる。

この史実が、もとの事実と、どれくらい異なるか、いまのところははっきり示すことはできない。後人の改変の加わったものを事実として認めなくてはならない。すべてのものは流転すると言うが、すべてのものは変化する。うまく変化しないものは消失する。

何が消え、何が残り、何がつけ加えられるかということについて、われわれは、ほとんど無知である。

したがって、いまの歴史とされている記録からもとのことがらを復元することはほぼ絶望的に困難である。

しっかりした根拠があるのではないかという反論がおこる可能性もあるが、その反論がトキの加工を受けているのがふつうである。モトのモトへたどりつくことは、ほぼ不可能であることを認めるのが、知的判断であるが、そういう知力をもった人間はほぼ実在しない。

一般的傾向という社会心理は存在する。争いについては弱者の方に味方をする。

強者より弱者に心を寄せるから、戦史の多くは敗者の視点で書かれる。すくなくとも、勝者の味方をした場合の戦記よりおもしろい。おもしろくないものは消えやすいから、勝者側に立った歴史は消えやすく、残るものもすくない。

伝説はおもしろい見方から生まれる。勝者は、敗者ほどおもしろくないから、歴史になりにくい。かわいそうな人がおもしろいのである。賢くて、有力な人は、だいたいつまらない。エリートはどこか冷たいが、ならずものには、なんとなく心ひかれる。庶民の心情は、つむじ曲がりであって、常識的ではないことが多い。

それをかくしているのが、活字文化である。活字は誤伝が介入する前の記録であることが多く、おもしろさにおいて、風聞にかなわない。

伝記は、間違い、感情移入を受けているために、おもしろいのである。正確な伝説というものはことばとしても存在しない。

伝説になるには、いったん、忘佚しないといけない。それから目ざめたものが、伝記である。

ドラマとしておもしろいのは、伝説化した過去である。明治時代が始まったころから百五十年たっているが、伝説化が充分でないから、大河ドラマなどで扱うことができるのは幕末はぎりぎり、ということになる。政治的権力が、徳川を敵視し、自由な伝説化を妨げているから、幕末も充分におもしろくない。

事実にカビの生えたのが伝説である。カビは不潔不衛生なりと決めつける知性は機械的思考にしてやられても、なすところがないだろう。

伝説は不純である。だからこそ、おもしろい。いまは、伝説不毛で退屈する人間がとんでもないことをしでかす。

伝記と風化の関係

アメリカの小説家アーネスト・ヘミングウェイ（一八九九〜一九六一年）は世界的に知られた作家だが、突然、亡くなった。

その一方で、銃の手入れをしていて、銃が暴発し不慮の死にあったというのと、自殺かもしれない、という二説が報じられて、よけいに注目を浴びた。

わが国にはヘミングウェイの読者はすくなくないが、とくに、アメリカ文学の専門家が、つよく自殺説を否定したのが印象的であった。「あのヘミングウェイが、自殺などするわけがない」と声を大にした。大学の英文科の人もいくらかそれに圧倒されたのか、事故死説がすくなくなかった。

実際は自殺だったのである。事故死ときめていた専門家は面目をつぶした。近いほど真相はわからないという心理を解しなかったのである。専門家は、対象をよりよく知っているから、はなれた人に見えるものが、見えない。アメリカ文学の専門家は、一般読者以上に、身近に感じていただろうから、素人よりも、ものが見えなくなっていたのである。

これは別のはなし。有力大学で文学を教えていた学者が、父親の伝記を出版して注目され、話題になったことがある。

父親というのが文人学者で名の通った人で、息子がその伝記を出したのだから、めでたい話である。

ところが、一部では息子は父親の伝記を書いてはいけないのがルールだ。すぐれた伝記は、あまり近くでない他人によって書かれる、というのである。どこの国の文学史を見ても、息子の書いた父親の伝記は見当たらない、というのは、なお検証を必要とするが、その例はほとんどないのではないか。

この文学者はそのことを知らなかったのであろうか。不勉強だ、というのではない。

この判断が正当であるかどうかは別として、近きものが近きものの伝記を書くということになにか調和しないものがあるのは否定できない。

会社の社長の伝記を専務取締役が書くとすれば、第三者は何とはなしにひっかかる。近すぎると感じるのである。

すこし風を入れないといけない。まったくの第三者があらわれるのを待ってもおそくないのが伝記である。

風化をおこす時間と距離がないと、しっかりした伝記は生まれないことになり、せっかちの多い日本に、見るべき伝記がはなはだ少ない。

私は伝記を書こうと思ったことは一度もないが、書いてほしいと思ったことはある。

すこし生ぐさいはなしになるが、思い切って書いてみる。

私は田中角栄という政治家が好きで、不幸な老後を残念に思っていた。田中角栄は、たとえば戦後、教育を重視した唯一の首相であった。教育を良くするには良い人材が必要で、そのためには、教員の待遇を良くしなくてはならない。掛け声だけではなくて、教員の給与を一律、引き上げる人材確保法案を考えた。時あたかも、ロッキード事件で大騒ぎの最中。この新法の画期的な立法を認めるものはすくなかった。

それから三十年して、田中角栄再評価の風潮がおこった。ロッキード事件を忘れたというのではないが、かつての偏見から目がさめたのであろう。それまでかくれファンであったものとして、田中角栄再評価は愉快であった。

いくらか、私は平静さを失っていたのかもしれない。田中真紀子氏に、『父・

田中角栄』という本を出さないかとすすめた。ほんのわずかの縁で真紀子氏を知っていたからである。近いものは伝記を書いてはいけないという持説に反することで、はなはだ不明であった。

田中真紀子氏はりっぱであった。この出版を断られた。

私は正気に返って、なるほどと深く感じるところがあった。

その後、間もなく田中角栄の伝記が出版され、ベストセラーになった。

伝記にはやはり、風化、忘却の期間が必要である。よく知っている人より、あまりよく知らない人の方が、よい伝記を書くことができるのは、おもしろい。

古来、本人と会ったことのない人の書いた伝記がいくつもあるように思われる。

伝記の主人公になるには、いったん、忘却の湖に沈潜しなくてはならないが、そのまま二度と浮上しないケースがどれくらいあるか知れない。

伝記はたいへん難しい文学である。

平和な社会をつくる忘殺

黙殺ということばがある。ひとりの意見などをまるで問題にしない、無視する時に使うことばである。それとは別に、いやなことなど考えないようにしていて忘れてしまうのをあらわす適当なことばがない。忘れてなきものにするのだから、〝忘殺〟と言ってもいいのではないか。そんなことを考えるようになったのには、ちょっとしたエピソードがある。忘れて、すべてをなきものにするのが忘殺である。

AとBはいとこ同士である。Aは本家の息子、Bは分家の長男で、Aより二歳年長であった。

本家は町で指折りの素封家だったが、分家はむしろ貧しかった。そんなこともあって、幼い時から、AとBは仲がよくなかった。Bは友だちといっしょになってAをいじめたこともある。しかし、Aは本家の子であるから、Bをバカにしていた。

本家の長男が戦死したため、Aは跡取り息子になり、ぜいたくな暮らしをするようになる。Bはそれを白い目でながめて敵意をいだいた。

Bは東京の大学を出て名門の学校の教師になったが、Aは親の会社を引きつぎ派手に振る舞っていた。

しかし、運わるく、労働組合の活動家がAの会社を乗っ取って、会社をつぶしてしまうということがおこった。

することのなくなったAは、中学の教師になった。自分の町では具合がよくない。となりの町の学校につとめることにしたが、うまく行かず、すぐ辞めてしまう。Bがりっぱな教師をしているのが、どんなにつらかったか知れない。ふたりの関係はそこで切れて、以後、一切のつき合いはなくなった。

二十数年したある時、自著を出版したBは、同姓の未知の読者からの手紙を出版社経由で受け取った。

あけて見て、おどろいた。Aの長男からの手紙だったのである。

Aの長男は何気なくBの本を読んだらしい。巻末に著者経歴があって、同じ県の出身であることを知り、同姓であるし、「なにか縁があるのではないかと思って、この手紙を書いた」とある。

Bは不思議に思った。いくら疎遠にしているとはいえ、従兄である。息子にひとことも言わない、などということがあるだろうか。しかし、手紙を見ると、そうだったとしか思えない。

BはAの長男に手紙を書いた。

「私は、あなたのお父さんの従兄です。この年月、一度も私のことを口にしなかった、ということにひどくおどろいています……」

Bは本当にびっくりしたのである。Aのうらみ、反感がそれほどはげしいものであったかとはじめて思い知らされた。

それからまた何年もして、BはAの長男と年に何度も会うようになっていた。Bが聞いた。

「お父さんは私のことをうらんでいたでしょう?」

すでにAは亡くなっていたのである。長男はきっぱり言った。

「いいえ、そんなことはありません。一度も口にしたことはありませんでした。ひょっとして、忘れてしまっていたのかも……」

Bはハッとした。そうだ、早々と、こちらのことを忘れてしまっていたのだろう。忘れるのではなく抹殺してしまっていたのである。死んだ人間のことをあれこれ言うことはない。息子に話したりするはずもない、というのである。

忘れてしまう。忘れて殺してしまう。忘殺がおこっていたのである。

そう考えてBは、この不思議ないきさつにしめくくりをつけることができた。

いつまでも、思い、うらみ、にくんでいるということが多いが、このはなしのように、忘れてしまう、というのはいかにもしゃれている。こだわるのは我執で、みにくい。忘殺は音もなく形ものこさず、きれいさっぱり消滅させて、はなはだおだやかである。忘殺は平和でやさしい。

個人のことではなく、一般社会のことでもうらみをはらすために争ったりしないで、静かに葬り去る、忘殺がどれくらいあるかしれない。

忘れるのは、この世をおだやかにする原理であるとしてよい。

平和、平安を願うものは忘殺を尊ぶ？

第三章◉忘れるための実践法

忘れるのも才能のひとつである

人間にとって生命にかかわることがいくつかある。

呼吸　血液循環　睡眠

などである。ありがたいことに、とくに努力をしないでも、これらのことは自然に体の中でおこなわれている。呼吸をするのにとくに力を入れる、というようなことは、まずない。あるとすれば、病気である。

血液の循環は一刻も停止することがない。規則的に動いている。

そこへいくと、眠りは完全に自動的にとはいかず、眠れないで困ることがないこともない。しかし、大多数の人は、平常、とくに眠りのために努力するということはない。ある状態になると、自然に眠くなる。眠りを気にしないのが健康である。

多くの健康な人は、こういう自然の作用を当たり前のように思っている。ふだん忘れている。意識するのは、異常な場合、病気である。そういうことを意識しないのが、正常で健康である。

モノゴトを忘れる——というのは、呼吸や血液の循環にくらべると自律的ではないが、歩いたり、歌を歌ったり、などとくらべると、ずっと自律的で、放っておいてもすっかり忘れる。忘れる努力を必要とするのは異常である。病的である。

放っておいても忘れることができるように人間はできているようで、実際、昔は、忘れられないで困るということは例外的であったらしく、忘れるのに苦労したというはなしはほとんどない。

そういうことを考えると、忘れるのは、呼吸をするのに通じる自律的なことであることが了解される。

健常な人が、自分の呼吸を意識することがすくないように、正常な生活をしている人は、忘れるということを意識するのはとくべつな時である。とくべつな時はそんなにしばしばおこらないから、忘れるということを忘れてしまう。人間にとって大問題のはずだが、そう考えるのは、例外的で、たいていの人が、忘れるということを忘れてしまって幸福に生きる。

忘れるのがきわめて重要な自律活動であることを悟るのはとくべつな人で、たいていは忘れて困ったことがあっても、忘却ということを考えない。

学校の勉強を始めると、忘却がじゃまになる。

というのも、学校は大小さまざまなことを教えるが、せっかく教えるのだから、ちゃんと頭に入れておいてくれないと困る。つまり、忘れてはいけないとなるのである。

覚えているかどうか、テストしなくてはわからないから、折にふれて、または、定期的に試験、テストをする。覚えているか、忘れているかのチェックである。すっかり記憶していれば百点満点であるが、そうはなかなかいかない。忘れたことは答えられない。減点される。

百点満点で、八十点までが、昔は甲であった。六十点までが乙、それ以下は丙、となった。丙をとっては恥ずかしいとこども心にも思って、勉強したのである。

そんなことを何年もつづけていればおかしくなるのは当然で、記憶の悪い、成績のよくない子は、学習の喜びを失ってしまう。そして忘れっぽい自分の頭をうとましく思う。いやだと思っているうちに、ものを忘れることを忘れるようになって、学校ぎらいになる。

勉強がうまく行かない子は、外に出て走ったり跳んだりしてエネルギーを発散する。ケンカをするのもあるが、〝悪童〟は案外、性質がよくやさしい心をもっていることが多い。

記憶がよく試験でいい点をとる子はどこか冷たく、つき合いが悪く、友だちにもめぐまれないことが多い。しかし、それが忘れない頭のせいであることは、本人はもちろん、教師も家庭も気づかない。あわれである。

人間には、記憶型と忘却型のふたつのタイプがあって、それぞれ、優秀な頭をもつことが可能である、ということを知っている教師はほとんどいない。

忘却型の頭のよい子は、たいへんな不利益をうける。勉強に絶望する。記憶をきらうようになる。

学校教育が知識偏重、記憶中心の教育をしている限り、忘却型の秀才のあらわれることはない。なんでも覚えているのを神童のように思っている大人は、どんどん、モノ忘れをする頭のよさに気づくことが難しい。いまの世の中にはそういう記憶学科の信者であふれかえっているから、忘れっぽい英才は退いていなくてはならない。人類の損失であると言ってよい。

人工知能はすばらしく〝頭がいい〟らしい。すぐれているのは記憶で、人間は、それに対抗することは難しいだろう。

ただ、忘却ということになると、はなしは変わってくる。キカイ（機械）は人間のように器用に忘れることができない。

忘却のうまい、忘れっぽい頭は、キカイ秀才の考えねばならないことを発見する可能性が高い、と言ってもよいのではないか。

そういうことを考えると、忘れることを忘れるのは、たいへんよろしくないことになる。忘却は力なり。

そういうことを実証する人間になれば、人工知能の時代でも目ざましい活躍が期待できる。忘れることを大事にしないといけない。忘却を怖れるのは論外、うまく忘れるのは、これからますます必要となる才能である。

忘れることを忘れるのは健全ではない。

うまく忘れ、新しいことを考えるのが未来をひらくように思われる。

大事は小事を消去する？

若い時、雑誌の編集でひと通りの苦労をした。なれない校正だから見落としがなくならない。なんとか誤植の見落としをなくそうと努力したせいもあって、数年すると、自信をもつことができるようになった。

得意になっていたわけではないが、やはり誤植が残る。どうしてだろうと考えていて、記憶のトリックに気づいた。校正をしていると、いやでも目につく大誤植が出てくる。それを正して、おそらく、ホッとするのであろう。ちょっとした快感を味わい、いい気分である。しかし、次の再校の時、その大誤植の近くに、別の誤植があるではないか。

どうして初校の時に気づかなかったのか。何度もそういうことがあって、気のついたことがある。

大きな誤植を見つけて安心すると、すぐそばに別の誤植があっても、気づかない。目に入らない。はじめの誤植が、まわりを見えなくしてしまう。消してしまう。見れども見えず、となるのであるらしい。

それで、誤植を見つけたら、そのまわりをとくに注意した。眠っている誤植を見のがすことがないように気をつける。しばしば、大誤植の傘の下に別の誤植が眠っている、ということに気づいて、人並みの校正ができるようになった。

大事は小事を消す。人間の歴史は、その原理によってつくられる。

大事件のかげで眠っていることがいかに多いか。われわれは、それに気づいた方がよい。いわゆる歴史は、それを考えることがないようで、それだけ、事実がゆがめられている。

さきの戦争が終わったのは、昭和二十（一九四五）年の八月である。ある旧制中学校が、それから十年目に同窓会をひらいた。当然、終戦のことが中心の思い出ばなしが交わされた。

ところが、ひとりひとりの記憶が、すこしずつ違っていてしっくりしない。いちばん印象深かったのは、天皇の玉音放送で、これは、みんなはっきり覚えていた。

雑音の多いラジオ放送だったが、天皇のお声が、たいていのものの印象につよく残った。

反面、ほかのことは、ほとんど記憶がないのを、みんな不思議がった。玉音放送の日、東京はたいへんな暑さであったらしいが、記憶しているものはほとんどない。暑かったなどと言うものはほとんどない。

つまり、玉音放送という未曾有のことに気をとられ、ほかのもろもろのことは、まったく記憶に残っていない。ひとときは心に残っていたかもしれないが、大事が、それを、いつしか消してしまったのであろう。人々の心に残らなかった。

こういうことは、歴史のあちらこちらでおこっていて、事件などを実際より誇張することになっていると考えられる。

粗末なことでも、同じような大事による小事の抹消、忘却は、いくらでもおこっている。

多くの人が経験しているのは、休日のたのしさ、休み明けのつらさである。こどもは、ことにはっきり、休みを喜ぶ。

それだけに、休み明けが、おもしろくない。たのしかった日曜日があるから、月曜日が呪わしくなる。正直な子は、本当に、体調がおかしくなって、学校を休むことになる。そして、へたをすると、火曜日も、気分がわるくなり、不登校のはじまりとなる。休日がふつうの日のおもしろさ、たのしさを消してしまうのである。

こどもだけではない。れっきとした大人にとっても、休み明けはつらい。月曜気分、ブルー・マンデーになるのが、例外的ではなくなるのである。

働きすぎるのがいけない。もっと休みをふやせという声がつよまって、新しい休日がどんどんふえた。三連休など昔の人の知らない休みがふえた。

それで働くつらさがへったか、というと、むしろ逆である。過労を訴えるものがふえたのは、休みが多くなったからである。

昔は、年中無休がふつうであったが、過労を訴えるものはすくなかった。走っているクルマはそれほど馬力をかけなくとも走りつづける。たまに、停止すると、つぎに走り出す時が、やっかいである。ひと休みしたあとのトラックなどが、走り出すと、事故をおこしやすいのも、休みがアダになっているのである。

継続は力なり、という。

同じことをつづけているのがもっとも安全である。

へたに休むと、リズムも崩れて、事故などをおこしやすくなる。

大事は小事の不都合を忘れさせるが、その小事が、つぎの好ましくない大事を誘発するらしい。

そこではたらくのが忘却である。

忘却は、おもしろくない記憶を摘出することで、プラスにはたらくことができる。

――人生のアイロニーである。

バカ騒ぎで上手に忘れる

日ごろは黙々と働く人の多いところで、年に一度か二度、びっくりするような騒ぎをする。そして、それをお祭りと呼ぶ。日ごろ食べないご馳走をこしらえて、休みをたのしむ。

いかにもムダなように思うのは、静かな生活を知らないのである。黙々と働いていると、よくない心の疲労が蓄積する。へたに、爆発すると危険である。あらかじめ、その危うい工ネルギーを発散させるのが賢明であることに気づいたのは、大きな見識をもっていたことになる。

みんなで、お祭りをして、積もっていた毒気を抜いてやると、清々しい気分になる。よし、きた、働くぞ、という気持ちもわいてくる。

お祭りは、それを見越したムダ騒ぎで、世の中を平和にする効果は小さくない。ムダと知りつつぜいたくなお祭りをするのが喜ばれるのである。

昔、ギリシャの人は、ドラマを好んだ。演じられるのは、人殺しや争い。ロクなことはない。それを喜んで見るのは道徳的に、おもしろくない、という考えが有力であった。

ドラマが反社会的であると決めつけるのは正しくない。それによって、人々の心が浄化され、悪いことをする心を追っ払ってしまう。つまり凶悪なことを演ずるドラマは、人心を清く美しくする効果があると考えたのである。おもしろい考え方で多くの人々の賛同するところとなった。

ちょうど下剤をかけて、有害なものを排出するようなものだ、というので「カタルシス」という名で呼ばれるようになる。以後、その名は二千年生きている。

カタルシスは忘却の手段である。カタルシスは、有害なものを排出する妙法である。言いかえれば、忘却法ということになる。

悲劇を見せたあと、すっきりとした気持ち、なんとなく快感を覚えるのは、悪を喜ぶのではない。むしろ、悪のもつ毒を押し出す。それによって健康な心をとりもどすことができる。

カタルシスは忘却作用に通じるものである。

人が集まって共同生活をしていると、好ましくない空気が生じるおそれがある。放っておくと爆発し、事件がおこりかねない。危険である。

未然にその危険をさけるには、緊張した空気のガス抜きが必要である。そう考えたのは、カタルシス説を考え出した人たちとよく似ているのである。

なにかにことよせて、お祭りをする。わいわい騒いで、われを忘れることができる。あとはすっきりして、また仕事にもどることができる。一見、ムダなように見えるお祭り、カーニバルなどは、実は、毒気抜きとして有効にはたらいていることになる。決してたんなる騒ぎではない。

たいていのこどもが、幼い時に、麻疹にかかる。かかるといけないから、予防のワクチンを注射する。ワクチンは麻疹をおこす力をもっているウイルスをワクチンにしたものだから、それを接種するのは矛盾のようであるが、そうではなく、予防効果があるのである。

うっかりしてかどうか、ワクチンの予防注射を受けないまま成人して、発病するときわめて重篤な疾患になり、しばしば死に至る。

麻疹にならないのには、麻疹のウイルスを安全化して注射する、というのはいかにも危険な矛盾のように思われるが、唯一の方法である。早いうちに麻疹の病原を取り入れて、麻疹を忘れるのは、逆説的である。忘却の一法であると言うこともできる。

もっと日常的な問題もある。おもしろくない、いやなことがおこる。とても、がまんできない時、昔から、多くの人がしてきたのはアルコールをのんで、前後不覚になるヤケ酒である。

目をさまして、なにがあったのだろうか、と思うようなら、ヤケ酒は効いたのである。泥酔すれば、たいていのことは忘れる。気分もすっきりする。新しい生活を始めることができる。ヤケ酒は、ヘルシーだと言うこともできる。昔からヤケ酒に救われた人はすくなくない、と思われる。ヤケ酒は大きなカタルシス効果をもっていると言ってよい。

ヤケ酒をあおる勇気のない人は、思い切って、遠くへ旅をするのも効果的である。帰ってきて、別人のようになっていれば、成功である。

日記は忘れるため

人間は、日記をつける。昔から、日記をつけてきたが、日本は、おそらく、日記の先進国である、と言ってよい。ヨーロッパでは近世になって日記があらわれたのに、日本は千年前、平安朝に、日記を名乗る書物があらわれている。日記の先進国である。

戦前、戦中の時代、心ある若ものは、日記をつけなくてはいけないという強迫観念にかられるものがすくなくなかった。先輩などに、日記をつけなくてはいけないのかと相談するものもあった。

聞かれた側は、たいてい、日記をつけることをすすめた。自分をみつめるのに役立つ、生き方が慎重になり、日々の生活を反省するのにも日記は有効であると、モラルを説く人もあったらしい。

日記帳がよく売れる。年末の書店には、日記帳が、いろいろ、売り出されるのを見て、日記をつけるようになったものもある。毎年、同じつくりの日記帳は、次の年も同じものを求めたくなる。保守性である。

一年、休まず日記をつけると、若ものは、なにか手柄を立てたような気になるが、なかなか日記を書きつづけるのは難しい。

二月にならないうちに、落伍して、あとは白いまま、ということをつづけていると、日記がこわくなるという人もあらわれる。

それでも、きわめて多くの人が日記をつける習慣を身につける。十年、十五年とつづけていると、日記のない人生は考えられなくなる。義務のように日記をつけて、ひそかに、それを誇りにする。

人によってさまざまだが、夜、寝る前に日記をつけるのが多いのではあるまいか。その時間がとりにくい生活をしている人は翌日の朝に日記をつけるかもしれないが、寝る前につけた日記と翌朝になって書いた日記は同じではない。どちらがいい、ということは言えないが、整理されているという点では、朝つける日記に分があるように思われる。しかし、朝は忙しいから日記など開いているゆとりがない。長続きしないきらいがある。

忘れて、二日、三日、まとめて書くようではダメで、そういう人は日記をつける習慣をつけることができない。

日記には日記文体ともいうべきものがあって、ふつうの文章とすこし違っている。

「某月某日　起床六時。七時朝食、すぐ出る。気分がすぐれず、元気なく仕事をするが、ひる、食後、活力がわいてきて、おもしろいように仕事がはかどった……」といったのが日記の文体である。英語なども日記のことばはすこしとくべつである。

英語は日本語と違って、どのセンテンスにも、主語が必要で、主語のないのは命令文くらいであるが、日記は例外。主語を消す。

I got up at 7.

としないで、

Got up at 7.

とする。日本語と同じであるのがおもしろい。日本語は日記の文章に近いものを日常のことばにしているところが英語と違う。

それはそうとして、なぜ、日記をつけるかということは、あまり考えない。これは日本と外国とあまり変わらないのではあるまいが……。

日記を読み返す人はすくない。祝儀などを贈る時、前に似たケースがあることを思い出して、古い日記をくりかえして調べるということはよくあるが、一般に日記を読み返すのは例外的。日記は役に立たない、と言ってよい。

考えてみると、日記は記録であるが、記憶のためではなく、むしろ、忘れるためにつけるのがふつうである。日記に書くとそれで安心して、忘れることができる。

そう考えれば、その日の夜つけるより、一夜あけてからつける日記の方が内容は整理されている。

ひと夜寝て、その間にレム睡眠で多くのことを忘れる。朝、目ざめた時の頭には、こまごました、どうでもいいことは残っていない。そこで日記をつけると、忘れたかったことが出てきて、前夜、寝る前に書いた日記と違ったものになる。翌朝になってつける日記は、案外、いい日記である。

つまり、日記は記憶のためにあるのではなく、忘れるためにつけるのである。

しかし、どうでもいいことを忘れるために、日記をつけるのだと自覚する人はすくない。そのために、なぜ日記をつけるかもはっきりしなくなる。

日記は忘れなかったことを書く。さらに時間をあけて書く思い出は、さらに忘却がすすんでいて、ときに文学的価値をもつことができる。

日記は、もっとも早い思い出であるが、充分整理されていないのは是非もない。日記は忘れる過去のはじまりである、としっかりとらえれば、きわめて価値のあるものであることがわかる。

思い出、過去は、ふるいにかけた既往である。日記はその最初の洗練である。日記をつけることで、うまく忘れることができるようになる。しかし、そのことを考える人がすくないのは是非もないが。

メモはとらぬにこしたことはない

われわれは、ことばを大切にする。

ことばを学ぶことに熱心で、学校でもことばの学習が中心であったし、いまもそうであると言ってよい。

ただ、そのことばが、いくらか偏っていることに、お互い、あまり注意しない。ことばは文字である、と思い込んでいる。学校でも、かつては、ことばの勉強を、〝読み方〟と呼んでいた。文章が読める学力を目ざしていた。国語科ではなく、読み方という授業であった。戦後、改められて国語科となったが、文章を読む力をつける教育であるところは変わらない。ことばを書くことなどは教えない。

戦前、書き方の授業があったが、文章を書くのではなく、毛筆で文字を書く書道のことであった。文章を書くのは、綴り方、と呼ばれたが、正規の時間はなく、宿題がときどき出るのであった。戦後は、それもあやしくなって、ことばを書く教育はほとんど消えたと言ってよい。

ことばは基本的には、話し、聞くものであるが、学校で話し方、聞き方を教えたことはかつてなかった。小学校だけでなく、上級の学校でも、話し方、聞き方を教えたところは、まったくなかった。

たいへん、ゆがんだことばを、それとは知らずに、ことばだと信じてずっと生きることになったのは是非もない。

文章にくらべて、はなしは価値が低いように思っている人が、声のことばに無関心であるのは当然である。みんな、ことばを話し、ことばを聞くのがうまくない。それが、知力にひびくかもしれない、ということを考えた人もなかったようである。

そんなところで、はなしがおもしろい、講演がおもしろい、という時代がやってきた。戦後、二十年くらいしたころだっただろうか。大企業が文化活動として、講演会をひらき、好評だからまねるところがふえた。

それを見てか、自治体が講演会をするところがふえた。うがった見方をする向きは、それを一種の選挙活動だと考えたようである。市主催の講演会で、あいさつをする市長は、〝文化的〟と思われ、次の選挙でものを言うというのである。ちょっとしたブームであった。

新聞などがそれを記事にした。たいてい、聴衆が熱心に聞き、「熱心にメモをとっていた」というようなことを書いた。熱心な聴衆は、本来、メモをとることをしないものである。じっと聞いているのだが、講演の聞き方を知らない新聞記者には、そこからわからない。一般の人たちは、熱心に聞くにはメモをとらなくてはいけないのか、と誤解、つぎの講演会にはメモをとる手帳をもって出かける、というわけであった。ちょっとしたお笑い種だったのだが、それを指摘するものもなかった。

そうこうしているうちに、講演会ブームはいつしか消えてしまった。北陸のあるところでは、県主催の講演会と市主催の講演会が競い合うというようなこともおこったのに、夢のように講演ブームは消えた。

講演会人気は、つまり、ブームだったのである。ブームは早々と消えるものである。あとに残ったのは、「メモをとっていた」という文句くらいである。

はなしを聞いてメモをとるのは、いかにも良心的なようであるが、そうではない。文字を書くのに気をとられて、かんじんなはなしの方はお留守になる。あとに残らない。そういうことを知らない人が大多数であるのが、文字社会である。

本当にはなしをよく理解しようと思ったら、メモなんかとってはいけない。しっかり〝聞きとる〟。こまかいところは、忘れるかもしれないが、忘れるものごとは忘れたらいい。すべてを覚えておこうなどというのは浅はかである。

メモはしかし、有用なところもないではない。メモをとると、安心して忘れることができ、その分、頭の負担を軽くすることができる。

したがって、メモするのは、どうでもいいことがいい。大切なことをメモすると忘れてしまうおそれが大きい。つまらないことをメモする人はいないから、メモをとると、大事なことはすべて聞き落とす、ということになりかねない。

いまは変わったが、かつての大学、旧制大学は講義中心であった。

教授が原稿に当たるものをつくってきて、授業でそれを読み上げる。学生がそれを書き取ってノートにする。教授の講義案ができないと講義はできない。

「〇〇教授、本日、休講」となって、学生を喜ばせる。

勤勉な学生はせっせと講義を書きとる。教授は書くのに都合のよいように、ゆっくりした調子で自分の書いて来た講義案を読み上げる。期末の試験になると、ノートが頼りである。怠け学生のノートは穴だらけだから、忠実にノートをとった友人のノートを借りなくてはならない。

そういう怠け学生が、案外、いい点をとることがあるからおもしろい。ノートをとるのは上手でも、よく理解していない学生もいた証拠である。

X氏は大企業の中堅幹部であった。同僚がことごとにメモをとり手帳に記入していたのにX氏はめったに、メモをとらない。それでいて、ほとんど、忘れることがない。同僚がおどろいて、いちいち、メモをとっていると威張っていたが、ある時、その手帳を紛失してしまい大混乱。

それにこりて、新しい手帳には、「この手帳をお届けくださった方には相当な謝礼を差し上げます」と大書した。

それを聞いたXさん、「メモなどつくらなければ、紛失することもない!」と笑ったという。しかし、メモをとると、忘れやすいということは考えなかった。

メモとかノートとかは、忘れないために、とったり、書いたりするものと思っているが、ありようは、ひととき、忘れていられるためのものであることを理解する人がすくない。

忘れるのが、よくないこと、という間違った考えを植えつけられたためである。

忘却が頭をよくする。忘却が記憶を強化する。

書評と本の運命

書評ということがきらいである。頼まれてもしたことがない。

書評を頼まれたのは出たばかりの本で、手にとって見たこともない新刊である。

「いついつまでに、千二百字でお願いします」などと言ってくる。ヒマであそんでいる時でも断る。不器用にできているから、注文通りの仕事ができるわけがない。おまけに、著者のことはまったく知らない。内容は見当もつかない。そんな本は読みたくない。

やがて、書評をしろと言ってくるところもなくなって、いい具合である。

こちらの出した本の書評は断ることはできない。書評が出るかどうか、著者は知らないのがふつうである。

はっきり悪意のある書評を受けて、情けない思いをしたこともあって、書評ぎらいが根深いものになった。

むやみと本が出る。一般の読者は、どんな本が出ているか知ることができない。新聞が一面で新刊広告を出す。これは、と思うのがあると広告を切り取って、近所の本屋へもっていく。

店員が、ロクにさがしもしないで、「ありません」と言う。帰ろうとすると入り口に近い平積みの中に、その本があるではないか。

とっちめる調子で、

「あるじゃないですか。これですよ」

などと言ってみても、ノンキな店員は声もあげない。本が売れないわけだ。

新聞が書評にとり上げるのは、それなりの本である。書評者を選ぶにも気をつかうであろう。しっかりした書評者が選ばれることが多いが、かつては、書評は匿名であったから、著者にも読者にも、だれが書いたのかわからなかった。かりに著者にはわかっても、読者は知らない。

思ったことを遠慮なく書くには匿名は適しているが、私情から酷評するのが出るおそれが小さくない。無責任な書評を封じるには、筆者を明示する必要がある。新聞の書評が署名入りになったのは、まだそんなに古いことではない。

それで書評ははっきりおもしろくなくなった。何々大学教授などという肩書がついているのも、おもしろくない。肩書が気になるということもあるし、広く存在を知られると喜ぶこともできるが、読者からすると、何となく権威がつきまとっているようでおもしろくない。書評によって新刊を選んでいる人はすこしずつ減っているのではあるまいか。

書評がかかえている問題をのりこえるのは、きわめて難しい。そういうことは考えないで書評が書かれ、読まれているのである。

もうそろそろ五十年くらい前になるだろう。イギリスの『タイムズ・リテラリー・サプルメント』がおどろくべき特別号を出した。「二十五年後」という特別特集号で、二十五年前のある号をそっくりそのまま再刊したのである。よほどの自負と自信がなくては考えることもできない企画である。これからもまねられるところは、ないであろう。

内容もおどろくべきものであった。

二十五年前に、すぐれた本だという評を受けた本が、まったく忘れられてしまっている、などというのはすこしも珍しくない。

すぐれた業績であると賞賛された本も忘れられていたし、中には、むしろ、つまらぬ本だったとの評価を受けたものもある。

つまり、書評の正当性が問われることが明らかになって、読者にショックを与えた。

四半世紀後に批判されたからといって、もとの書評家は恥じることはない。当時としてはすぐれたりっぱな書評だったのである。発表時には多くの共感を得たはずである。二十五年という〝時間〟が問題である。その間に変化がおこっていた。それには、だれも責任がない。

すべての書評が同じような問題をかかえているはずであるが、『タイムズ・リテラシー・サプルメント』のようなことをしたところがなかっただけのことである。

書評家が、本の運命を左右するのは、無知の誤りであるが、善意であれば、それを責められることはない。

本に限らず、すべてのものは〝時〟とともに〝古く〟なる。変化する。よわいもの、運の悪いものは、消えてなくなる。〝時〟の試練を経たものは、元のままではありえない。〝老いる〟〝古くなる〟、もとはわからなかったところがはっきりして、全体の印象が変化する。その変化について、われわれは、よくわかっていないところがあまりにも多い。

たとえて言えば、景色のようなものである。姿のよい山があるとする。すぐ近くでこれを見るものは、細かいところも、かなりはっきりわかるのだが、すこしはなれたところ、遠くのものは目に入らない。見る人が山をはなれて、山が中景になると、間近で目に入っていたものが姿を失って黒々と見えるであろう。

さらに、山が遠くなると、全体が〝青〟くなって、かすみ、こまかいところは目に入らない。近くでは荒れた山のように見えたのが、青い遠山になることができる。間近なところでは名山はない。遠くになればなかなか美しい、ということになる。

書評は間近の山をことあげするようなものである。その場では、正当であることが多いが、そこがアダ。欠点、美しくないと見えたものが自然に消える。さらに遠くになれば、つまり、古くなれば全体が美しくなる。古典である。書評は古典とのかかわりが小さい文化である。おもしろい書評がすくなくても是非もない。そんな風に考えれば、人のために危ない仕事、書評をするのはよほどの勇気のある人に限られるが、古典、歴史をつくるのも、やはり書評である。

われわれは、もっと書評だけでなく批評ということを深く考える必要がある。それには、「時」「距離」のもっている忘却のはたらきを考えないといけない。

第四章◉つよい記憶、よわい記憶

歴史は風化から生まれる

「大災害を風化させるな！」

おそろしい災害にあって、その苦しみに苦しんでいる人たちが、そう言って叫ぶ。新聞がそれを報じて、風化しないようにするのである。

被災地でないところに住む人たちにとって、いかに大きな災害とはいえ、遠くはなれたところのことである。いつまでも、生々しいことを覚えていられるわけがない。「風化させるな！」と言われても、返すことばもない。

だいいち、風化ということばも知らない。

つまり、風化が始まっているのであるが、わかりにくいことばに思いわずらうことは困難である。

それを断じて「風化させるな！」と叫んでいる人たちは、あまりの苦しみに自然の理を見落としてしまうらしい。

ものごとは、大小にかかわらず、風化していくのである。よいこともわるいことも同じであるが、わるいことの方が風化が早いのである。といって、よいことが風化をまぬがれる、ということもない。自然は公平である。人間は公平でないから、おもしろくない、いやなことから忘れる傾向がつよく、いやなことをさらにことあげするのはとくべつな感性をもっているのである。被災者たちのいだく情念が「風化させるな！」という叫び声をあげさせる。

自然は非情である。

すべてのものごとは風化する。

ただし、すべてのものが、同じように、消えて行くわけではない。おもしろくない、いやなことから忘れていく。忘れるともなく忘れるから、ふつう、それに気づくことはすくない。

すべてのものごとは、ゆっくり、あるいはかなり急速に過去の中に消えていくからこそ、この世はなんとか保たれている。消えなければ爆発して消えるほかない。それが自然の摂理である。

われわれの頭の中も、宇宙、世界と同じようにものごとを受け入れ、時とともに、それを忘却、消去していく。それは、はっきりしたかたちをとっている。レム睡眠である。

毎夜、ほとんどすべての人が、レム睡眠をおこしている。頭の中にあるものをとりあえず風化させて、多くのものを処分する。

朝、目をさまして、気分が爽快と感じられるのは、夜中のレム睡眠によって、風化が行われたからである。その風化がうまく行かないと、何らかの異和をおこさせることになる。風化は忘却である。整理である。避けることができない。

個人におこっていることは、社会という組織にも認められるのが自然で、ひとりひとりにおこっているレム睡眠が、社会的にも進められていると考えられる。

それが風化である。

レム睡眠をなくすることができないように、風化をさけることはできない。過去のすべてが風化する。

その風化したのこりが積み重なって、歴史が生まれるのである。

いくら早くても三十年はかかる。昔の人が十年ひと昔、と言ったが、三昔たたないと歴史は生まれない。その歴史がもとのままを伝えるなどということは、考えられなくても、あり得ないのははっきりしている。

それにもかかわらず、人間は歴史が過去をありのまま伝えているように思ってきた。自己欺瞞である。

歴史は風化の末の軌跡であることを認めると、本当の過去は永遠に消滅していることがわかる。それはつらい認識だから、風化を認めず、ものごとが、あるがまま、後世に伝えられるかのように考えるのは是非もない。だからといって、風化、忘却ということを否定するのは、よわい、誤った思考であると言わなくてはならない。

哲学をもったギリシャでさえも、風化のことを考えないで過去をつくったため、後ろめたさを覚えたのであろう。歴史を確立することができず、その状態が十九世紀まで続いた。そこで、はじめて、歴史学が確立、諸学の源流となり、近代文化の性格を決定した。

歴史学は、風化を否定、社会的忘却ということに目をふさいで、過去を再現することができるかのように考えた。世人がそれに従ったから、歴史的思考は近代を生み出した。

やはり、風化、忘却ということを承認しないのは、知的誠実さに欠けるのではないかという、すくなくとも疑問はどうしても必要であるように考えられる。

記憶のよい人、わるい人

人はさまざま。おそろしく、記憶のよい人もいれば、片っ端から忘れてしまう人もいる。忘れる人の方が断然多い。それで、手帳とかメモが売れる。記憶のよいのは頭がいいとされるのに対して、忘れっぽいのは頭が悪いときまっているから、つらい思いをする人の方が多くなる。

T・Nさんは歌人で、文筆家であり、評判になった伝記を書いて、有名になった。もともとは、ドイツ語の先生。語学の天才とでも言うのであろう。イタリア語を独習、ローマで、イタリア語の講演をして、ローマの新聞に報じられた。それだけではない。ギリシャ語をやはり独習、たちまちマスター。ギリシャ大使館を訪れてギリシャ語でたずねごとをした。

ギリシャ語でやってきたはじめての日本人だと言うので、大使がおどろいて、じきじきに会って、いろいろ便宜をはかってくれたという。

そのT・Nさん、仲間と会っていて、スケジュールの相談をする時にも、非凡な記憶力を発揮。

何カ月も先の予定なのに、T・Nさんは眉ひとつ動かさない。凡人が、「だいじょうぶでしょうか」と心配すると、涼しい顔で、「その日は空いています」と言う。そして、ちゃんと、当日、あらわれたそうで、「あれは人間じゃない」と言った人もあったらしい。

そのT・Nさんも、寄る年波にはかなわなくなった。ある時を境に、記憶があやしくなった。なにせ、メモをとっていないのだから、忘れたとなったら、どうすることもできない。大混乱がおこったという。メモ族は、内心、ホッとして、心楽しむところがあったらしい。

E氏は体育の教師だったが、いつも手帳を手ばなさない。予定を記入するだけではない。

相手の言うことを一に書きとる。といっても、しゃべることをすべて記録するなどできない。すべてをメモしたように思っていたらしいが、あとで見ると、何のことやらさっぱり。もともと、文字を書くのに精いっぱいで、はなしそのものは、頭に入っていない。

ある時、インスピレーションがおこって、Eさんは、人のはなし、予定などをメモにとることをあきらめた。すると、どうだ、おもしろいほど、モノゴトがよくわかるようになったという。メモをとるのがいけなかった。記憶をたしかなものにしようというのがいけなかったのである。記憶をあきらめて、記憶力がつよくなったのは目出度いか、どうか。記憶は文字をきらうらしいのがおもしろい。

まじめな学生ほど、ノートをとる。本を読みっぱなしにしない。ことに外国語の本はわかりづらい。忘れてはコトだから、ノートをとる。ノートをとり出すと、とるのがおもしろくなるのか、なんでもノートに書き写したくなる。まるで本を引き写しているようなことになる。

読むのにくらべて、ノートをとるのは、時間がかかる。要点のみならともかく、原文をえんえんと筆写すると、ホトホト疲れる。そして、あと、頭は空っぽであろうことがすくなくない。ノートとりは、クタビレ儲けであるということを知るのに、まずは、三十年はかかる。気がつくころは、頭が弱っているから、なにもできなくなるというわけである。

博覧強記の人は、記憶を信じている。記憶は薄れたり、変化したりするとは考えない。それで秀才になるのである。

ふつうの人間の記憶力では、そのまねはできない。相当なスピードで、覚えたことを忘れる。ノートをとってあっても、その忘佚の穴を埋めることはできない。

忘れたことは、記憶に欠損部をつくる。記憶力のよい人は、その欠損部を埋めようとしないで、全体をくさらせることがすくなくない。記憶秀才がおもしろい考えを生むことがすくないのは、強記のせいである。

頭がよくなくて、つよい記憶、強記の能力に欠けるものは、忘れる自分の頭に愛想をつかして、知的活動をあきらめるかもしれないが、残念である。せっかくのチャンスをのがしているのである。

忘却型の知能は、かなりのスピードで記憶を消していく。あとに忘佚の欠損部がのこる。

人間なら、その穴を放っておきたくないはずである。我流の考えで、空白部を埋める。これは借りものではなく、自分の考え、独創である。

すぐれた本ほど、この忘却の穴、不可解な空白部が多い。正直な頭なら、それを埋めようとするだろう。それは借りものではない、模倣でもないオリジナリティである。ときに発見を含む。

頭のよい人、記憶力のよい人、知識の豊富な人は、頭を大きな格納庫にしていることが多い。年をとるにつれて、ガラクタが多くなって、身動きができない。秀才の末路である。

頭のよくない人間の頭は、小さな工場である。モノをためこんでいる工場ではない。新しいものをつくり出す。できれば、よその工場でつくっていないようなものを、いろいろ試作する。やはりガラクタが出るが、工場は倉庫ではない。どんどんすてる。工場はいつも広々と片づいているのがのぞましい。

博覧強記は倉庫にとって有用であるが、工場にはあまり役に立たない長物ということになる。

忘却の頭は、強記の頭に、まけない。そういうことを、考える人がすくないのは、おもしろい。

忘れる頭をつくるエクササイズ

かつて、エクササイズをすすめるのが、すこしばかり流行した。

メタボリック症候群の人がふえたのがきっかけで、健康への関心が高まったのである。

それまで「運動」と言っていたのを、新しく「エクササイズ」と呼んだのである。運動というと、スポーツの類に限られるが、エクササイズは、その範囲を拡大。体を動かすのをすべてエクササイズとしたのである。

散歩は、運動とはっきり言うことは難しいが、体を動かすエクササイズでは、りっぱなエクササイズである。家事も、多くがエクササイズになる。もともと、片付け、などは、運動とはされないが、りっぱにエクササイズになる。散歩などしたことのない家庭の女性が、エクササイズの量で、サラリーマンをしのぐと言われて、おどろいた人もあった。

実際、これと言った仕事ではない、こまごました家事をする主婦が、外で忙しく働いているよりエクササイズ量が多く、したがって健康であるということはいくらでもある。

もちろん、運動はエクササイズとして大切で、散歩などもへたなスポーツにまけないエクササイズ効果がある。

水泳のエクササイズ量が意外に大きいこともわかってきた。とくに、泳ぐのではなく、水中を歩くのがたいへんいい運動になるということもわかった。

エクササイズは体の健康にとって大切であるだけでなく、精神的健康にも大きな効果がある。頭がよくなる、のかもしれない。

あるところに、ふたりの大学生がいた。友人である。勉強についての考えが正反対で、一方は、勉強一本、ヒマがあれば、本を開いていたが、他方は、勉強はそこそこに外でスポーツをしていた。かなりの記録をもつスプリンターであった。

ふたりはそれとなく、ではなく、はっきり競争を意識した。

文句なしに勉強家の方がいい成績になるだろうと思われていたが、結果は逆であった。

毎日、授業が終わると、グラウンドに出て、走る練習をした学生が、案外の好成績をあげたのに対して、机にへばりつくように勉強した方がそれに及ばない。勉強家は悩んだ。どうして、勉強しないのが、努力家より良い成績になるのか。

この勉強家は、悟った。勉強ばかりしていると、頭がはたらかなくなる。ときに思い切って汗を流すようなことをすると、頭がよくなるのかもしれない。

そう考えた勉強家が、あまりきつくないスポーツをするようになった。おもしろいことに勉強の時間がへったのに、成績がよくなった、という。

勉強家は知識を身につけることだけを考えて、発散することを考えない。せっかく覚えたことを、忘れてはもったいないと思ったのであろう。当の頭は、知識でいっぱいになって新しいことに対する興味を失ってしまう。とり入れたつもりの知識も満杯の頭へ入れることができず流失するかもしれない。

それにひきかえ、スポーツなどで汗を流すと、頭の中は、当面、不要なことを忘れて広々する。新しいものを迎え入れようという気持ちがつよくなるのか、時間がすくなくても、勉強効果は上がるのである。

体を動かすと、頭がよくなる、のかもしれない。知的関心が高まるのであろうか。頭が広々と空いていると、新しいものを求めるようになる。そうして覚えたことは、身につくのである。不勉強でありながら、頭のはたらきの良い人はすくなくないが、よく忘れることができるからであるように思われる。

仕事をする人でも、時間があって、仕事ばかりしていると案外、いい仕事をしない。

それにひきかえ、いろいろなことに忙殺されて、ロクにものを考えたりしている余裕のない人が、大きな仕事をするというケースがある。忙という文字は心（忄）を失う（亡）という字を当てるが、心が空っぽになるくらい忙しいと、頭はのびのびとはたらいて、新しいことを考えたりする。

その間、忘れるというのが、大切なはたらきをしているのである。

エクササイズは、頭の掃除をしてくれる。エクササイズによって、頭はよけいなものをすてる、忘れることができるからである。じっと動かず、同じことをしているのは、頭のはたらきを悪くするということをわれわれはもっと真剣に考えないといけない。

うまく忘れる頭が、いい頭である、ということを認めなくてはならない。

散歩は頭の体操

学校を出て数年のころ、ひそかに悩むことがあった。難しい本を読むことはできる。自分で言うのもおかしいが、相当な読書力があると思っていた。

ところが、いざものを書こうとすると、まるでダメ。ごく短い文章を書くのに四苦八苦する。書き直してみてもすこしもよくならない。

ある時、くさくさして、夜中に、そこいらを歩きまわってみたくなって、近所をぶらついた。

帰ってきて、机に向かうと、さっきまで、てこずっていたのが、ウソのように、まとまってくる。ひどくおもしろかった。

味をしめたわけではない。それに、そんなに書くものがあったわけでもないが、夜おそくなってからの散歩を楽しむようになった。

手帳をもっていて、思いついたことがあると、街灯の下でメモする。まるで泥棒の下見みたいだと思っていると、本当の不審者に見えたのだろう、パトカーに目をつけられる。あわてて細道へ入る。もうよかろうと、通りへ出ると、さっきのパトカーらしいのが待っている。そんなことがあって、夜歩きはいけないと思うようになった。

どうして、そんなことを考えたのか、忘れてしまったが、朝、皇居のまわりを歩いて一周するということを考えた。

そのころ、小石川に住んでいた。皇居までどれくらいあるか知れないが、歩いて行ける距離ではない。

地下鉄で大手町まで行く。そこから周回道路を歩くのである。地下鉄の定期が案外、高いのにびっくりした。しかし、酔狂な散歩である。人にはだまっていた。ずっとあとになって、ある雑誌に漏らしたところ、それは名案だとほめられて気をよくした。

しみったれた人間である。高い定期券を求めると、休むのがもったいないような気がする。そして毎日、土曜も日曜もなく、散歩することになる。

大手町から九段坂をのぼり、半蔵門から三宅坂をおりる。左手に、お濠をへだてて皇居、右手は、国立劇場から最高裁判所。季節によっては、そのころに皇居の森から朝日がのぼる。すこし上等な人間になったような錯覚をたのしみにして、ゆるやかな坂道をくだる。

うまく行くと、思いがけないアイデアが飛び出す。ほっておくと逃げ去るから、手帳に心覚えを書き留める。その手帳が、年に三、四冊になる。それをもとにして新しい勉強を始めたこともある。

歩き出してしばらく、人通りがないと、歌が歌いたくなる。こどものころの唱歌を歌うと気持ちがおちついてくる。若いころは、「われは海の子」をよく歌った。二番の後半、「千里寄せくる海の気を吸いてわらべとなりにけり」というところがいい。なんとなく心洗われたような思いがするのである。

しばらくすると、新しい記憶（リーセント・メモリ）がポツポツと浮かび上がるが、かかわらない。だいたいは忘れる。そのあとは、さわやかな気持ちになる。新しいことを考えるともなく考えるのである。たまには、我を忘れるほどになって、おどろくこともある。

そういう時の思いつきは深層記憶と結びついていることが多いから、数日してまた思い出すことがある。おもしろいことになっている。手帳に、すこしくわしいメモを書き留める。

そういった収穫がなくても、ぼんやり歩いていると、さまざまなことが心に浮かび、また消える。ひょっとすると、わが頭は優秀なのかもしれないという妄想をいだくことも、ときどきある。散歩はたのしい。何となく自信がわいてくる。時を忘れて歩く。

本に書いてあったこと、人から聞いたことは、ほとんど浮かばない。あらわれても問題にしない。かかずらうと、影響を受ける。つまり、まねがしたくなる怖れがある。模倣は禁物。つまらぬことでも、手前味噌でいく。

散歩を四十年つづけていて、そういう信念のようなものをもつようになった。外国の文学を勉強する人間にとって賢明な信念ではないが、身から出たことである。それに殉ずる気持ちである。

散歩から生まれた仕事としては、やはり最初のものが思い出ぶかい。

勉強の目標がはっきりしないころ、イギリスのQ・D・リーヴィス(Queenie Dorothy Leavis)の『小説と読者(Fiction and the Reading Public)』という本を読んで深い感銘を受けた。そのまま論文を書けば盗用論文になる。

それでいったん、忘れることにし、忘れた。何カ月かして、フト、〝文学読者〟というテーマが頭に浮かんだ。朝の散歩の途中だった。

それから一年くらい、この読者論をあたためていて、「修辞的残像」という小論文を書いて雑誌に発表した。リーヴィスの本の影響がないとは言えないが、リーヴィスの論は社会学的研究であったが、私のはひとりの、外国人読者の立場において考えたエッセイである。

幸いいくらか認める人がいて、文学読者の研究をはじめた。数年して、『近代読者論』を、公にすることができた。世界ではじめての読者論である。はじめての仕事だから日本では認める人はいなかった。十年たってドイツで「受容理論」が出て世界的な評価を受けたが、私の読者論は黙殺されたままである。

そんなことはどうでもよい。外国文学の研究で、日本人が独自の問題提起を行ったことだけで満足しなくてはいけない。

その間に、散歩と忘却があったことは忘れない。モノマネ研究をアカデミックと勘違いしているところで、忘却をもとにすれば、独創も可能になるのである、と信じている。

忘却の創造した、なつかしのメロディ

われわれは、戦前のくらい時代に、歌ばかり歌っていたような気がする。

軍歌ではないが、兵士を歌ったのがいくつもあって、心をこめて歌っていたようである。

そういうのではないが、国民から歌詞を募集した「愛国行進曲」というのが、人気であった。

見よ東海の　空あけて
旭日高く　輝けば

天地の正気　溌剌と
希望は躍る　大八洲
おお晴朗の　朝雲に
聳ゆる富士の　姿こそ
金甌無欠　揺るぎなき
わが日本の　誇りなれ

記憶しているのは昔々のもの、いまは違っているだろうが、歌っていると、いい気持ちになり心が明るくなるようである。

明るい。堂々としている。マーチのようで、散歩しながら歌うのに適している。

戦後、進歩的知識人がえらそうな顔をしていた時期には、へたをすると、どんなに悪く言われるか知れない。

朝、人通りのすくないところなら、安全である。低い声で歌いながら、気分をはげます。

戦争中に歌った「愛国行進曲」と、国敗れ人心荒れた戦後、あたりに気兼ねしながら歌う「愛国行進曲」とでは、同じ歌でも、同じではない。勇ましいマーチであった「愛国行進曲」は戦後の思想的あらしの中で、すこしずつ抒情的な歌となっていた。

もの覚えがわるく、なんでもすぐ忘れてしまう人間だが、不思議と「愛国行進曲」の歌詞は忘れない。ことに一番は完全に覚えているという自信がある。「愛国行進曲」を口ずさんでいて、知らず知らずのうちに保守的、愛国的になったようである。

外国にそまりたくない。外国のまねなんかするものか。戦争にまけはしたが、われわれはバカではない。れっきとした人間だ。戦後、いわれのない悪人にされてたまるものか。

旧敵国のことば、英語を好んで専攻し、戦争中、いろいろ、おもしろくない思いをしたが、いったん志した勉強をすてるのは自己否定である。英語、英文学はつづけよう。しかし、イギリス人やアメリカ人にすり寄ってお世辞を言ったりするのはいやだと思った。

アメリカが敗戦国の若ものをアメリカで教育する制度をこしらえた。日本の若い人たちが目の色を変えて、貨物船で渡米した。

それを見て、いやな気がした。アメリカなんかへ行かない、行きたくない。イギリスは、アメリカほど悪くないが、ペコペコして留学する気にはなれない。

ワレ留学セズ。そう決心。まわりから、気が変になったのかと思われ、かげ口をきかれたらしいが、眼中にない。日本人にしかできない勉強をするには、留学などじゃまである。

七十年、その気持ちをかえず、「愛国行進曲」を歌ってきて、本人、すこぶるいい気持ちである。

そういう、厄介ものである。同じ日本でも、明治維新でのさばり出てきた近代日本のリーダーたちに好感をもたない。革命的保守主義はおもしろい存在だが、自然保守主義は許すことができない。外国のまねをする保守主義なんかあるわけがない。外国のまねをする進歩主義はもっとオソマツである。

そういう人間からすると、東京はけがらわしいところである。東京を日本の首都にしたのは、徳川家康である。家康は危険な外国の侵入をおそれて鎖国した。すばらしい選択、おかげで、ヨーロッパが戦争ばかりしていた三百年間、一度も戦争することなく独自の文化を築いた。それを台なしにし、戦争ばかりしている国にしたのは東京にいる人たち。東京なんかくたばってしまえばいい、幼い頭でそんな風に考えていると、「東京音頭」という流行歌が伝わってきた。もちろん、おもしろくない。歌ってやるものかとムクれていた。

先日、いまいる老人ホームが納涼まつりをするから出てこいと言う。ひまだから、のぞいてみようと、出てみた。

案の定、おもしろくない。帰ろうかと思っていると、「東京音頭」のメロディが流れ出してびっくり。なつかしい。ひどくなつかしい。「東京音頭」がこんなにおもしろいとは、一度も思ったことはなかったから、おかしいほど心をゆさぶられた。そんなこと、はじめてである。

バカにしていた「東京音頭」が、ひどくシャレたメロディであることを知って、おどろいた。

あんなにきらっていた「東京音頭」が、わけもわからず、おもしろく愉快である。

考えてみると、田舎でバカにしていた「東京音頭」が、六十〜七十年の間に、化けたのである。忘却をくぐり抜けて出てきたのは、まったく新しい曲のように思われた。

ただ、時が流れたのではない。

七十年の忘却が、つまらぬと思った歌を心ゆさぶる、おもしろい、なつかしい曲にした。きらい、バカにしていたのが、おもしろくなるのは、おかしい。

「東京音頭」は、七十年の間に、ほぼ、まったく変容。なつかしい曲になっていたのである。

歌詞はほとんど忘れているのに、メロディはほぼすべて思い出すことができる。文字よりもメロディの方が大きく風化し、それだけに、なつかしくなる。どんなつまらぬメロディでも、百年の風化を経れば、なつかしのメロディになる。

忘却の創造である。

グッドナイトが先

学校は昔にくらべると、休みがずいぶん多くなった。かつては、年間数えるほどしかなかった休日がむやみにふえた。しかし反対するものはない。

そういう休日とは別に、毎週、土曜日が休日になり、学校は五日制になった。これには一般から多少の批判があったが、実施されてみれば、何ということはない。

それに合わせて、企業も週休二日が当たり前になり、かつてのように、年中無休の仕事はほとんどない。

ほとんどすべての人が、休みはよいものと思っているらしい。休み方などを考えることもなく、週に二日、仕事をしなくてもよくなって、かえって、体調を悪くする人がふえたのは予想外であったが、休みがふえたせいであるとは言わない。せっかく休みがふえたのに、水をさすようなことを言ったり、考えたりするのは賢明ではないからである。

こどもは大人より正直である。土曜日が休みになって、喜ばないこどもが、かなりあったが、まわりに遠慮してがまんしていた。

がまんできない子が苦しんだ。二日つづけたあと、月曜日になって、学校へ行く時になると、急におなかがいたくなる。頭のいたくなるものもいる。これでは、学校へ行かれない、と言って欠席する。

火曜日になっても、よくならないから、もう一日、休むことになる。休むのはタイクツだが、授業よりましであると思っているとだんだん学校が遠くかすむようになる。しだいに学校へ行きにくくなる。そして長期欠席、不登校が始まる。

不登校は、休み明けに始まるのである。休まなければなんとなくリズムができて、学校へ行くのがつらい、などと思うことはすくない。なまじ、週末に二日もつづけて休むから月曜日の登校が、コト新しく、つらいように思われる。

不登校をなくしたかったら、休日をなくすことだが、休みの味を覚えた大人たちが休みをすくなくするなんて、論外だ、と勝手にきめてしまった。

大人も、休日賛成だから、週休二日を喜んだ。しかし、実際に休んでみると、すこしもおもしろくない。土曜日は、こっそり会社へ行って仕事をする人があらわれる。仕事をしているとおちつくが、することもはっきりしないで、ぼんやりしていると、わけもなく疲れる。

月曜日の朝、なんとなく足が重くなる。休むわけにはいかないが、なんとなく心が重い。だれ言うとなく、ブルー・マンデーがささやかれるようになる。

サラリーマンだけでなく、宗教者も月曜日は昔から、ブルー・マンデーであった。

大学も、昔から長い夏休みをとった。教会の習慣にならったのである。長い休みの間に、勉強をほとんど忘れるが、秋になると大学が始まる。やれやれとみんなユウウツになる。新学期の始まる月曜日は、ブラック・マンデーといって、おそれられ、きらわれた。月曜こそいい面の皮である。

もともと、そんな伝統のなかった日本が、外国のまねをして、ブルー・マンデー、ブラック・マンデーをつくったのはあまり賢明でなかったのである。

その昔、年中無休で働いた人が多かったころ、月曜も、日曜もないから、月曜が、青かったり黒かったりすることもなく、働く人は休むひまもなく働いて、生甲斐を感じていたのである。

そして、いつの間にか昼働いて、疲れて夜、寝て休むように考えるようになる。一日は朝始まって、夜終わると考えた。昼の間、働いて、疲れる夜寝て休息をとるというように考えた。

その逆、つまり、まず、朝まで寝て疲れをとる。そして、夜まで、仕事をするという考え、つまり、一日は、夕方から始まるという考えもあったに違いない。クリスマスのことを考えてみるといい。十二月二十五日がクリスマスである。実際のクリスマスは二十四日の夜である。二十五日の夜祝うところはない。クリスマス・イヴというのが、実質的にクリスマスである。このことは、一日が夜から始まることを示している。いまの常識とは逆だが、人間にとって自然であるかもしれない。一日が夜に始まるのは月、太陰暦的な考え方で、朝から始まる太陽暦とは対立するが、いまも、人間はこっそりと太陰暦的な生き方をしているのかもしれない。

この旧暦的考え方をすると、夜寝て、よけいなことを忘れ、朝になって、すっきりした頭で仕事をする。つまり、まず、夜寝て、不要なものを忘れて頭をきれいにする。そして迎える朝がグッドモーニング（良い朝）である。

グッドナイト（良い夜）が先行することを、いまの人間は考えることもない。

グッドナイトの夜があって、グッドモーニングがある。つまり、まず、忘れる。そして、新しいものを頭に入れる、ということである。

働いて疲れるから、休息をとる、というのではなく、まず、頭をよくはたらくようにしておいてから、仕事をする、という考え方である。

月曜から週末まで、働いて、勉強して、疲れるから、休む、土日は休み、というのではなく、まず、休んでよいコンディションにしてから、仕事、勉強をする。土曜日、日曜日から一週間が始まる、と考えるのも間違っていない。

週末から一週間が始まることを認めれば、頭のつかい方も、まず忘れる、そして、記憶する、というのが合理的であるということになる。

グッドナイトがあって、グッドモーニングがある。日曜日からはじまるカレンダーがあって、おもしろい。

第五章◉忘れてこそ豊かな人生

レム睡眠の自動的効果

人間はまったくよくできている。ごく大切なことが、自動的にすすめられている。うっかりしていて、ここぞというようなことがおこらないようになっている。

たとえば呼吸。これをしなければ、人間は死んでしまう。うっかりしていて、呼吸しないことがあったりしてはたいへんである。それで自律的に呼吸するようになっている。夜、眠っている時も、きちんと呼吸している。本人はそんなこととも知らずに眠ることができるのである。

血液の循環も自律・自動的である。血のめぐりをよくしようと思って心臓を動かしている人はいない。血のめぐりなどということを一度も考えなくても生きていけるのである。

こういうように、自然に、努力しないでも、できることがあるのは、ありがたいことであるが、当たり前のことのように思われている。とくに感謝することもない。

〝忘れる〟というのは、自律的、自然か、などと考えるのはふつうではない。たいていの人は、忘れる、などということを考えもしない。

学校の勉強で、いい点をとることができないのは、忘れるからだというので、忘却を悪ものにするのが一般である。問題にならないのである。

しかし、忘れることは、きわめて重要な自律作用であることが、わかってきた。忘れようとしなくても、忘れる。それこそいわば、天の恵みのようなもので、もし、忘れられなかったら、たいへんなことになる。しかし、ふつう、自覚的に忘れることをしているわけではない。それでいて忘れるのが人間である。

長い間、人間は忘れることをしっかり考えなかった。ただ困ったことだと思っていたのである。

忘れることが、生きていくのに、たいへん、重要であることを、広く教えたのは、レム睡眠である。

人は、夜、眠っている時に、レム睡眠を行い、頭の中の不要なモノ、知識、刺激などを処分、つまり、忘れるらしい。頭の掃除のようなもので、一度だけでなく、一晩に何度もおこっているらしい。

レム睡眠は、頭の掃除である。順当にレム睡眠がはたらけば、頭の中に入っているゴミ、ガラクタのようなものがすてられる。頭はきれいに清々しくなる。

朝、目をさまして、頭がすっきりしていれば、レム睡眠のおかげであると考えてよい。

逆に、朝、目ざめてなんとなく頭が重いように感じられるとすれば、原因のひとつにレム睡眠の不足を疑ってみてもよい。

自然は、頭の掃除が大切であることを知っている。各人にまかせっきりにしていてはたいへんなことがおこるおそれがある。そうなってはいけないから、本人の意識とは、かかわりなく、不要、あるいは、有害なモノを頭から排出する。それを行うのが忘却で、人間がうっかりして、忘却を忘れるといけない。それで自律的なレム睡眠がおこる。自然の摂理である。忘れては困る。忘却がにくいなどと考えるのは、見当が外れているのである。

人間はノンキだから、とんでもない誤解をしていたのである。記憶したことはみなよいことである。それを忘れるのは、よくないことで、よく覚える頭はよい頭だ、と信じていた。

ごく遠い昔の人のことはよくわからないが、本を読み、知識をふやすことが人間を賢くする、と考えるようになって以来、忘れる力は、負の力、つまり有害であると考えるようになっていた（その結果、モノ知りのバカが大量に生じていることに気づく人が少数派になった。そこへ、忘れない人工知能があらわれてパニックがおころうとしている。長い間、きらい、バカにしてきた、忘却力が、ひそかに笑っているのかもしれない）。

忘却は記憶とならんで、人間にとって必須の能力であり、しいて言えば、忘却力の方が記憶力より重要であることが、いますこしずつわかりかけている。

実際、情報過多な現代では、記憶が過大になりかねない。忘却が旧態依然としていれば、頭がゴミの倉庫のようになるおそれがある。レム睡眠だけに頼っていられないのである。

目をさましている間に、頭の掃除をするのは、レム睡眠のような自律作用に依存することができない。

知識過多、情報氾濫に悩む人たちが、いろいろ、うまい忘却法を考えている。体を動かす。汗を流す。おもしろい遊びに夢中になるなど、いろいろ有望な忘却の方法があることが、すこしずつわかってきたが、忘却を記憶とともに大切にする、いや、より大切にすることが、忘却力向上に有効である、と考えるのが新しい文化である。

回想の中の母からの啓示

小高いところに立っていた。もちろん、ひとり。西日が雲の間からよわい光をさしていた。前後のことはまったくわからないながら、私はどこか遠くへ行ってしまいたいと思っていた。小学六年生であった。

三年前に生母を失った。どこか鈍いところがあるせいか、はじめは、ほとんど悲しみを感じなかった。よけいなことを考えて、まぎらわしていたのかもしれない。大怪我をして、生きるか死ぬかの間をさまよったが、案外、強気だった。

退院してしばらくすると、急に気が荒れだした。新しい母がいやなのである。出て行ってもらいたいが、そうはいかない。

助けてくれる人はひとりもいないのだから、ひとり遠くへ行ってしまいたい。

小学生の考えることは浮世ばなれしているが、考えは真剣であった。

丘の上で、西日を受けていると、母の声がして、ハッとする。そんなはずはないが、たしかに母の声である。

母は早く亡くなるのを予感していたのであろうか。いろいろなことをこどもの私に話した。こどもに対してではなく、遺言のつもりだったのかもしれない。いつもやさしい声である。「りっぱな人間になってネ」と言われるが、どういうのがりっぱな人間なのか、わからない。ただ、母から信用されているらしいことだけは伝わってくる。うれしかった。ありがたいとも思った。

その母が亡くなって、私はすこしおかしかったのだろう。はっきり、悪い子になったが、そのことに気づかなかった。かんじんな母のおもかげも忘れかけたようであった。毎日、つまらぬことばかり、おもしろくないことばかりした。

そして、丘の上に立ったのである。

しばらくすると、母の声。そんなはずはないと思っていると、母のおもかげが浮かぶ。ものは言わないが、いくらかかなしそうである。どうやら、「〝遠く〟へ行ったりはしないで……」と訴えているようである。

心の眼がさめる。

そうだ、遠くなんか行ってはいけない。お母さんが期待してくれていたではないか。あんなにかわいがってくれたお母さんをかなしがらせてはいけない。

そもそも、この三年、母のことをほとんど忘れていたのは、とんでもない親不孝であった。あやまらないといけない……。

そんなことを考えていて、日のくれた中、明かりのある方へ歩み出していた。

おもしろくない。

しかし、お母さんは、遠くから、「しっかりして……」と声なき声で叫んでいる。

あのお母さんの言うことは、どんなことがあっても、聞かなくては……。

よし、がんばろう。

いやな奴は、ほうっておけばいい。

自分は、亡き母に守られているから、だいじょうぶ、何とかなる。お母さんがいちばん喜ぶのは、あまりがつがつしないでいい成績をとること。おそらく自分のこどもの時が、そうであったのであろう。はじめて産んだわが子に、それを期待してもいたに違いない。

母の願いはつぼみにもならないうちに消えてしまった。母の無念はだれも知らない。いちばん、わからなくてはならない、こどもが、おかしなことを考えているらしい。ほうっておくわけにはいかない。

それで、西日の向こうに、あらわれて、「しっかりしてネ……」という〝ひかり〟を送ってくれたのであろう。

幸いにして、愚息は、それを見逃すほどウツケものではなかった。ある種のさとりをもった。

よし、がんばる。へんなまねはしない。人まねでなく、えらいことをする。りっぱな人間になるぞ、という気持ちが生まれた。

長い間、それを母の教えのように思っていたが、すこし、見当がはずれていた。こどもの私を奮起させたのは、母ではない。母はもうこの世にいない。亡くなって、三年もたっている。その声などが聞こえるわけがない。

私が聞いたと思ったのは、幻の声であった。一度、忘れた声である。くるしい日々の中で、もとの生の声は消えるともなく消えていた。

それが、あの丘に立った日、よみがえったのである。母の声と思ったのは、一度忘れた回想であった。

回想の声は生の声よりも、やさしく、つよく、やわらかに、あとにのこるものの心をもえたたせる。

やはり、忘却の力である。

頭のゴミ出しは健康のもと

毎日のように青い大型トラックが走りまわる。もちろん遊んでいるのではない。家庭から出るゴミを収集して、焼却場へ運んでいるらしい。一般の人たちは当然のことのように思っているが、このゴミ収集は、昔なかった。戦後かなりしてから、なくてはならないサービスになったのである。

かつての家庭だってゴミは出た。しかし、トラックで集めるなどということを考えることもなかった。庭先で焼いてしまう。焼けないものは穴を掘ってうめる。

農家にとって、生ゴミは貴重である。ゴミすて場でくさらせると、肥料になる。

焼いて出る灰も肥料として大事である。そもそもゴミなどとバカにした言い方をしないで、利用した。

都会では、そういうわけにいかない。あふれるようになれば、収集、焼却は、自治体の大切な仕事になった。どこの自治体も、ゴミの処分に頭をいためているのであろう。焼却が追いつかない。すて場があふれる……。

一般の人たちは、そんなことにお構いなしに、どんどんゴミを出す。マンションの入り口などに、ゴミ袋に入った大きなゴミがうずたかくつまれている。やがて、ゴミ収集車がやって来て、それをトラックへ積み込む。走るトラックにつめて、小走りの作業員が、次のゴミの山まで移動する。見ていてなんとなく心にしみる光景である。ゴミ収集は大問題である。

われわれは、生活のゴミを出しているが、それとは別に、目に見えない、ゴミ、頭のゴミも出している、と考える人はすくない。

その頭のゴミは、生ゴミなどとは違って昔からあった。ただ、本気になって、ゴミ処理を考える人はほとんどいなかったらしい。

頭がゴミであふれ、不調をきたした人もいたに違いないが、数がすくないこともあって問題となることもなかったのである。

しかし、ゴミはゴミである。始末しないとあふれて、たいへんなことになる。ノンキな人間はそんなことを考えずのんびり生きていられた。もちろん、ゴミ収集に相当するものはない。放っておけば、ゴミがあふれて危険なことになる。

自然は偉大である。別に頼まれたわけではないのに、黙々とゴミの収集、消却を行ってきたのである。血のめぐりのよくない人間だから、そのことをまったく知らずに生きてこられた。

頭のゴミの始末をするはたらきを、すべての人間が、もって生まれる、ということが発見されたのは二十世紀になってからで、いまだにそれを知らない人も多い。

何か。先にも述べたレム睡眠である。

静かで平和な生活をしている人は、たいてい、朝の頭脳は明快にきれいでいる。すくなくとも、一日でいちばんいい状態にある。

それが、忘却のおかげであることをしっかりわかっている人がすくないのである。朝の時間に頭をはたらかせて、仕事をすれば〝朝飯前の仕事〟になる。朝飯前の仕事はたいてい、能率がよく、さらりとやってのけられる。頭がきれいになっているからである。

夜ふかしをする人は、朝になっても目がさめないから朝飯前の仕事など考えることもできない。

サラリーマンの生活パターンが宵っ張りの朝寝坊を美化するわけではないが、

いくらかにごった頭で一日を始めるようになるのは是非もない。

学校の学生も、サラリーマンにまけない宵っ張りで、せっかくの勉強の効率を悪くし、ひいては、頭を悪くしているが、それを改めることを考えない。

夜の時間がおもしろい、というのは、時間で仕事をする人がこしらえた迷信である。人間文化は、そのために、進歩することが難しくなった。

世の中が複雑になり、することも多くなると、よけいなこと、頭のゴミもふえる。自然におこなわれるゴミ出しだけではうまくいかなくなって、神経をいためるものもあらわれて、だんだん多くなる。ノイローゼみたいになる。おもしろくない。ゆううつである。頭のゴミのせいであるが、自然に退治することができないで、生活の質が低下する。

別に申し合わせたわけではないが、レクリエーションということがあらわれた。仕事が負担になっているのだから、仕事をやめて思い切り遊ぶ。スポーツをする。

旅行をする。

そして、仕事のことをひとときを忘れると、気分一新、生き生きと仕事ができるようになる。

かつての、ヨーロッパの哲学者が、散歩ということを考えたのは、頭のゴミを処理する優雅な方法の発見であった。散歩をして頭のゴミ出しをすれば、頭はよくなり、新しいことを考えることができるようになる。

二十世紀後半、医学が散歩の効用に着目して、それを普及させて、多くの人が万歩計をつけて、散歩するようになった。メタボリック症候群予防の効果は見るべきものがあった。しかし、そのかげで、頭のゴミを処分するのに、散歩はもっともおもしろい方法であると考えた人はそれほど多くない。

頭のゴミ出しは体の健康にも有効であるが、それ以上に、心の健康、頭の健康にとって不可欠である、としてよいことに、なお、多くの人は気づいていないように思われる。

生活が複雑になり、仕事が多くなるにつれて、頭のゴミもふえる。うっかりすると、ゴミに圧倒されて、人間らしさを失うようになるのかもしれない。

うまい頭のゴミ出しは、きわめて現代的な問題である。真剣になって、考えるべきであるが、キーワードは〝忘れる〟である。頭のゴミを、うまく処分できるのが、いい頭である。

忘れる頭は、いい頭である。

持病も忘れる

小学生の時、怪我で死にかけ、二カ月入院した。

その間に、体が変わっていたのだろう。学校へ帰ってみると、身長がクラス、一、二のノッポになっていた。

それだけではなく、運動神経もよくなったらしい。中学へ入ってみると、学年一、二を争うスポーツ選手になった。

勉強そっちのけで、毎日、暗くなるまで陸上競技のひとり練習をした。体育の教師は号令をかけることはうまかったが、運動の指導などまるでできなかった。独学だが、ひょっとすると全国的選手になれるかもしれないと思ってひたすら練習した。

百メートル、四百メートル、八百、千五百、幅跳、高跳、三段跳、やり投、円盤投、砲丸投のすべてを独習した。もちろん同じ学年にライバルもいなかった。

四年生になる前に、英語を教えていた先生が、「あいつは、陸上競技がしたくて、この中学へきたのだ……」と職員室で大声でしゃべっているのを、まったく偶然に、廊下を通っていた私が聞いてしまった。ショックだった。

「陸上競技なんか、やめてしまえ！」という自分の声がきこえるような気がした。さっそくスパイクをすてて、受験参考書に赤線をひく勉強をはじめた。

勉強など楽なもの。書いてあることを覚えればいい。別に苦労しなくても丸暗記でよい点をとることができる。

そして二年、思いもかけぬ、喘息に苦しむことになった。はじめのうち喘息とは思わなかった。喘息は老人のかかるものときめていた。

医師も、そのころ、喘息の治療ができなかった。薬もくれない。ある良心的（?）

ドクターが朝鮮朝顔を焼いてできる煙を吸うと呼吸が楽になると教えたが、治療はできなかった。それから三十年、喘息に苦しむ。

それとは別に、さきにも書いたが、頭を整理するのを目的に毎日、散歩をすることを始めた。一時間くらいかけて歩く。休まないために、地下鉄の定期券を買って遠出をするのである。人が見たら正気の沙汰ではなかったであろう。

三十年してすこし体が変わったように思われた。さしもの喘息が消えていた。消えたわけではない、忘れたのだと自分では解釈した。おかげかどうかわからないが、みんなが風邪をひく冬になっても、こちらは、風邪をひくことを忘れたのか、平気である。インフルエンザの予防注射もしないが無事である。

忘れるのは頭ばかりだと思っていたが、体も、忘れることができる、ということを知って、おどろく。

これは、持病にかぎったことではない。そう思い出したのは、はっきり、年寄りになってからである。

ちょっとした風邪にも、忘却効果がある。風邪をひいたあと前よりも元気になることがあるが、風邪が治る時にはたらいた風邪忘却力のおかげである。

そう考えたから、風邪は適当にひいた方がいいというエッセイを書いた。かかりつけのお医者のひとりが、「あれはなかなかの発見だ」と言ってホメてくれたのがうれしかった。

喘息で苦労させられたせいもあって、お医者には、かからない。よほどのことがないと、行くまいと思っていると、よほどのことなどめったにおこらないから、病院とは縁遠くなる。

若いころにかかった結核の跡が見つかったことも、いまさら、くよくよしてもしかたがない。忘れることにしよう、と改めて忘れることにした。忘却はありがたいと思う。

さんざん苦しめられた喘息も、いつのまにか消えている。治療ではない。忘佚である。

おかげで、思いもかけない長生きをさせてもらって……と浮世ばなれしたことを考える。

忘れるが勝ち！

あとがき

むかし、のことである。

こどもは、何も知らないで小学校へ入る（そのころは学校はえらいところだった。〝学校へ上がる〟と言ったものである）。

小学校では先生が教える。覚えてくれないといけないから、ときどきテストをする。間違ったりすると点を引く。いい点をとりたいから、間違えないようにする。それでもたいてい、間違って点を引かれる。満点をとるのは、ごくごく記憶のよい少数である。しばらくすると、忘却タイプがあらわれる。覚えたことをすぐ忘れるのである。〝頭がわるい〟となって成績が落ちていく。そういう子はいたずらなどに活路を見いだして、知的なことから遠ざかる、というわけである。

筆者は記憶型ではなかったが、だからといって忘却型でもない、宙ぶらりんの人間になって、半ば希望を失って、社会人になった。

世の中は、記憶優秀の人たちを中心に動いているから、はっきりしない頭をもった人間の出番はすくない。しかたがない、と半ばあきらめた。

なんとなく希望を失い、自信もなくして、薄暮のような日々をすごした。これが定めであろうか、と思ったから、別に口惜しいとも、不幸とも考えないで、ムクれて日々を送っていた。

とっくに中年をすぎたころ、何がきっかけであったか覚えていないが、新しい生き方があるらしいことに気づいた。試験の成績がよくなくても、いい頭というのがあるのではないか、もの覚えがわるくても、頭がわるいとは言えない。忘れっぽくても、よくはたらく頭というものがあるのではないか。そう考えたのである。

ひょっとすれば、そういう人間になれるかもしれない。記憶がよくないからといって、あきらめることはないのではないか。

そんな風に考えていると、不思議と元気が出る。

本が読まれなくなった、となげく声がなお続いているが、発明、発見、独創を生むには、あまり本など読まない方がよいという考えが広まらないのは、ひとつの問題であるとしてよい。本をあまり読まなくても、われわれは賢くあることができる。

本書は、その入り口である、と考えてもらうとありがたい。

二〇一八年十一月二十日

外山滋比古

外山滋比古インタビュー

『忘れるが勝ち！ 前向きに生きるためのヒント』刊行によせて

――「忘れるが勝ち」というのは、ちょっと逆説的な考え方ですが、なぜそのようにお考えになったのですか。

「忘れる」ことは人間の基本です。

「覚える」ことは特別な努力を必要としますが、人は自然に忘れます。レム睡眠というのは、そのためにあるのですから。

すべての人は生まれつき忘れることができますが、覚えることは、努力をしないとできません。

忘れるほうが自然で、うまく忘れることができれば、覚えているよりはいい、ということです。

ただ、今は学校が教えたことをテストして点を付けます。そのため多くの人が忘れてはいけないと思うようになりました。

でもそれは大間違いです。

だいたい人間は忘れるようにできており、それが自然だからです。


——先生は教師でもいらしたので、多くの学生さんをご覧になってきた経験から、そうお考えになったのですか。


学生には、覚えているというのは後ろ向きであって、過去のことを覚えているのだと話してきました。

本当は、頭は前向きでなくてはいけません。前を記憶することはできないわけですから、記憶は後ろ向きです。

また努力しないと記憶はできません。

人は生きていれば忘れるものなので、自然に任せれば結局うまくいくのです。へたに努力して覚えても、たいしたものにはなりません。

記憶の中身も、害のあることなんか覚えたら絶対だめです。必ず忘れなくては。

学校は問題を出して答えを書かせ、それが合っているかどうかだけを評価します。教えたことを忘れてもらっては困るのです。

学校の成績のよい人というのは、本当の意味で頭がいい人なのかどうかはわかりません。最近は機械が記憶力を持つようになってきましたし。

――AI、人工知能といったものですね。

記憶することにかけては機械のほうが人間よりはるかに優れています。しかし「忘れる」ことは、今のところ機械が壊れない限り、おそらくできないでしょう。

ところが人間は選択的に忘れることができます。眠っている間に記憶を自動的に選択しているんですね。レム睡眠がうまくいっている人は朝起きたときに、ゴミみたいな知識を捨てているので、朝は爽やかです。朝、頭が重いのは、忘れ方が不十分で、知識のゴミが頭に溜まっていてうっとうしいからです。

学校は記憶が大事だと教えてきましたが、人間は記憶するよりはむしろ忘れるほうが大事なので、うっかりして忘れない人が出ると困ります。

そこでレム睡眠で忘れることが生まれつきできるようになっています。

世の中の人は、忘れることは困ると思っていますが、どんどん忘れて頭が空っぽになっても、病気にはなりません。

頭を空っぽにしたら、優秀な頭になって新しいことをどんどん覚えられるでしょう。頭はとかくゴミが溜まりやすいのです。

――頭がメタボリックになってしまうということですね。

そうなったときは、どうしたらよいのでしょうか。

よく、「覚えて忘れる」と言いますが、忘れるほうが先です。

忘れると頭の中の容量が空くので、新しい知識が入ります。けれどそれを入れたままにしてはだめで、忘れることが大事です。そうすると、また新しい知識を入れることができるのです。

「忘れて覚えて」「忘れて覚えて」いく。

これを「覚えて忘れる」と、知識のゴミが残ってしまいます。

その結果、覚えるのが得意で成績がよく、いわゆる秀才タイプの人は、30歳ぐらいになるとただの人になってしまうのです。

そういう人は、運動をして頭を空っぽにするといいですね。

――先生も散歩を習慣になさっていらっしゃいますが、社会人もたまには運動をして、頭を空っぽにするのがよいとお考えになりますか。

ときどき遊んでもいいし、酒を飲んでもいいと思います。

悪いことはなかなか頭にこびりついて忘れられませんから、酒を飲むと頭の中がきれいになります。入浴やジョギングも、汗を流すことで頭の中がきれいになります。身体と頭が一緒になるんです。

普通、机に向かって本を読んだり、書いたりする時間が長ければ勉強になるといいます。しかしそれは違います。

昔、「よく学び、よく遊べ」というモットーがヨーロッパから入ってきました。日本では何でもヨーロッパのまねをするので、日本の小学校には、「よく学び、よく遊べ」という標語が掲げられています。

なぜ「よく遊べ」なのか。それは、勉強ばかりしているとダメになってしまう、「よく学び、勉強したら、よく遊びなさい」というヨーロッパの基礎教育の原則です。日本では明治時代に輸入しましたが、うまくいかなかったのです。

そこに人工知能が出てきて、学校は今、目標を失って、どうしていいかわからなくなっているのではないでしょうか。


――どうしたら人工知能に負けないでいられるでしょうか。


一つは「忘れる」ということですが、もう一つは「間違う」ということです。

「間違う」「失敗する」ことを、われわれは今まで恐れてきました。しかし間違わずに正解ばかりを出すことはできないんです。

間違えてから正解にたどり着く。まず失敗があって成功する。

正解より間違いが先行するのは、ちょうど忘れることが記憶より先行しなくてはいけないのと同じです。

「七転び八起き」という言葉があります。

一回失敗したら、次は必ず成功するわけではありません。成功するまで、何度も失敗を重ねることもあります。一度失敗すると、だいたいがっくりきて、挑戦しなくなります。

ですから、七転び八起きと昔の人がいったのは大事ですね。六回か七回ぐらい挑戦するといい結果が出てくる、と。

われわれは、まず成功しなければいけないと思いがちです。でも失敗して絶望したらだめです。

失敗を繰り返すと、皆、諦めて自分はだめだと思い込んでしまいます。

失敗して転んだら立ち上がる。また転んだら、また立ち上がる。

これが人間の価値を決定します。それにはまず失敗しなきゃいけません。

――最初からうまくいっている人は、成功するのが難しいということでしょうか。

例えば、恵まれた家庭に生まれたということはある意味、不幸です。親は二代目には苦労させないように、自分よりもいい教育を受けさせますが、二代目は親よりもだめになることがあります。

それは個人の責任ではなくて、いい失敗の経験が不足するからです。二代目は初代に絶対かないません。それは能力が低いのではなく、失敗経験がないからです。初代は失敗をして成功したのに、親は失敗を取り去って、成功だけを子どもに伝えようとする。

失敗経験がないわけですから、世の中を甘く見てしまいます。いい加減な気持ちでいけば必ず失敗します。失敗したとき跳ね返す力がないから、また失敗を呼ぶ。世襲制度がよくないのは、失敗の経験を伝えるすべがないからです。

――先生が現在もずっと書き続けていられる秘訣などがあったら教えてください。

人間というのは自転車と同じです。止まるとだめなんです。人間は二本足だから、走っているときは強いんですよ。走っていれば転びませんが、止まると転びます。早く走って、スピードが乗る方がいいんです。

人間は二本足で歩いていること自体、動物としては不自然なんです。二本足になって、動くのに相当努力していますから、動いていないといけません。普通の人は、自転車に乗っているのを忘れて、車に乗っているつもりで、つい好きなときに休んで動けなくなってしまいます。

人間は動いてさえいれば大丈夫。健康にとって一番いいのは、休まないで前に向かって走ることです。

ただ、気持ちはそうあっても、だんだん身体はいうことをきかなくなります。長寿になると、先に身体が衰えてきて、頭の方が長生きします。

長生きする頭と、衰えていく身体とを、うまくバランスを取っていくのが自転車の新しい乗り方です。つまりごくゆっくりしたスピードでも、転ばずにちゃんと前に進んでいける方法です。

そのために、年を取った人は何か新しい生き方を考える必要があります。

面白いことや、世のため人のためになることをやるのはどうでしょうか。

――これから人生の後半戦を生きていくには、とにかく走り続けていくということですね。

そうですね。走り続けるため、面白いことをし続けるにはどうしたらいいかというと、面白いことは人によって違うので、それぞれが考えなければなりません。お金を増やすことが面白いという人もいるし、仲間を増やして皆と一緒にいろんなことをしたい、という人もいます。政治的なことは年を取ったら面白いかもしれません。

一人でいるとだめです。善いことをしなくても、多少悪いことをしても、皆と一緒に動いて、生き生きして年を取る。

それが自転車の新しい乗り方です。サラリーマンの一番の壁は定年です。それをうまく乗り越えると、あと30年ぐらい生きるのは、何ということはありません。

ですから年を取ったら、自分なりの、人間としての生きがいや明日いいことがあるかもしれないと思える面白いことを、ぜひ見つけていただきたいと思います。


（二〇一八年一二月インタビュー）

著者紹介

外山滋比古 とやま・しげひこ

一九二三年、愛知県生まれ。
英文学者、文学博士、評論家、エッセイスト。
東京文理科大学英文学科卒業。
一九五一年より雑誌『英語青年』編集長となる。
その後、東京教育大学助教授、
お茶の水女子大学教授、
昭和女子大学教授などを歴任。
現在は、お茶の水女子大学名誉教授。
専門の英文学にとどまらず、
思考、日本語論の分野で活躍を続ける。
主な著書に、『思考の整理学』(ちくま文庫)、
『外山滋比古著作集』(みすず書房)など多数。
二〇二〇年七月、九十六歳で死去。

本書は、二〇一八年一二月の弊社から刊行された
単行本に加筆のうえ、文庫化したものです。

忘れるが勝ち！

前向きに生きるためのヒント

二〇二二年　四月三〇日　初版第一刷　発行

著　者　外山滋比古

発行者　伊藤良則

発行所　株式会社　春陽堂書店

〒一〇四－〇〇六一
東京都中央区銀座三－一〇－九　ＫＥＣ銀座ビル
電話〇三（六二六四）〇八五五（代）

印刷・製本　惠友印刷株式会社

ISBN978-4-394-90415-1 C0195